U0133579

王更生先生全集 第一輯

王更生先生全集 第一輯 18 冊

第八冊　歲久彌光的「龍學」家

著　　者：王　　更　　生
出　版　者：文　史　哲　出　版　社
http://www.lapen.com.tw
登記證字號：行政院新聞局版臺業字五三三七號
發　行　人：彭　　正　　雄
發　行　所：文　史　哲　出　版　社
印　刷　者：文　史　哲　出　版　社
臺北市羅斯福路一段七十二巷四號
郵政劃撥帳號：一六一八〇一七五
電話886-2-23511028　‧傳真886-2-23965656

定價新臺幣 8000 元

中華民國九十九年（2010）八月十二日初版

著財權所有‧侵權者必究
ISBN 978-957-549-917-4　　　08991

歲久彌光的「龍學」家　目次

——楊明照先生在「文心雕龍學」上的貢獻

一、書　影

書影一　採自一九九〇年六月印行之《文心同雕
集》封裡首頁先生八十壽辰時之玉照。

黃叔琳注

李詳補注

楊明照校注拾遺

文心雕龍校注

書影二　此為一九五八年中華書局印行的
《文心雕龍校注》的封面。

獻給
文心雕龍學會成立大會

文心雕龍校注拾遺

楊明照 著

上海古籍出版社

楊明照

書影三　此爲一九八二年上海古籍出版社發行的
《文心雕龍校注拾遺》的封面。上有楊
先生的簽名和篆文印章一枚。

按漢書馮野王傳：「野王、立相代爲太守，歌之曰：「……政如魯衛德化鈞。」」

燕風詩於元后。

范文瀾云：「『詩於元后』，疑當作「詠於元后」。」

按『詩』字自迪。史記樂書：『高祖過沛，詩三侯之章。』又司馬相如傳：『（封禪文）詩大澤之博。』

其『詩』字正作動詞刖刂也。

盡其美者，何乃心樂而聲泰也！

按范注以『何』字屬上句讀，非是。史記李將軍列傳：『尉曰：「今將軍尚不得夜行，何乃故也？」』晉書明帝紀：『元帝失色曰：「何乃異聞之言！」明日宴羣僚，又問之。對曰：「日近。」元帝失色曰：「何乃異聞者之言！」』南史張融傳：『上齊高帝曰：「何乃肥而瘠！」約曰：「何乃瘦而狂！」』又沈昭略傳：『逢王景文子約，張目視之曰：「汝是王約耶？」何乃肥而癡！」約曰：「汝沈昭略耶？何乃瘦而狂！」乃以碧人論之？』並『何乃』連文之證。論語八份：『子謂韶，盡美矣，又盡善也。』集解引孔曰：

『韶，舜樂名。』

遷姬文之德盛，周南勤而不怨。

按左傳襄公二十九年：『吳公子札來聘，……請觀於周樂。使工爲之歌周南、召南。曰：「美哉！始基之矣，猶未也。然勤而不怨矣。」』杜注：『周南、召南，王化之基。猶有商紂，未盡善也。未能安樂，然其音不怨怒。』舍人遣辭本此。黃、范兩家注所引均不愜。

書影四　此先生於《文心雕龍校注拾遺》出版後，仍感未安，賡續修訂，書眉及字裡行間的細注，皆先生手書新近所得的資料。

更生教授史席：

　　上文原載刊物名稱、題目及刊期，務請

註明後寄下為感：順致

（越快越好）

敬禮

　　　　　　　　　　　　　　　楊明照載拜

　　　　　　　　　　　　　98年3月18日於成都

　　　　拙著抱朴子外篇校箋記寄出又及

中华书局稿纸　　　　　　　　　　　　（15行×20字＝300字）

　　書影五　此先生於一九九八年三月十八日給筆者的信。
　　　　　　話雖不多，但書法端楷，一筆不苟，正見先生
　　　　　　為人治學的態度。

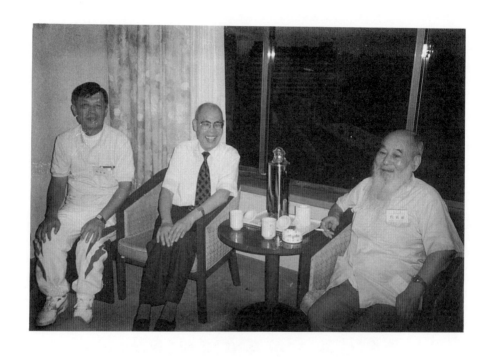

書影六　先生與筆者在北京歡敘的鏡頭。一九九五年七
　　　　月底，由北京大學主辦，在北京皇苑大飯店召
　　　　開的「《文心雕龍》國際學術討論會」，楊先生
　　　　曾枉駕來訪。銀髯飄胸，目光有神，談笑間，
　　　　手指口說，動見學養及長者風範。傍我邊坐者
　　　　為台灣萬能工技學院教授呂新昌先生。

歲久彌光的「龍學」家

——楊明照先生在「文心雕龍學」上的貢獻

王更生 述

二、概述

劉勰《文心雕龍》是我國藝苑的祕寶，文論的津樑。一千五百年來，從事研究者代不乏人。或手鈔、或翻刻、或評點、或賞析、或節引、或襲用，齊驅並馳，各擅勝場。但由於此書體大思精，取材浩博，若不詳為校注，讀解已望而卻步，更遑論深入研究。所以「校勘」與「注釋」，實為研究的首圖，「龍學」中的基本工夫。

宋朝辛處信，首注《文心雕龍》，而辛《注》亡於元明兵燹火燎間，不得識其大略。明王惟儉《訓故》、楊升菴《批點》、梅慶生《音註》出，對《文心雕龍》基礎建設，有明顯提高。然而後之論者，仍嫌其未備。清黃叔琳於雍正九年（一七三一），因舊本音註多訛，

於是以梅本做基礎，加以友朋見聞，兼用衆說比勘；自以爲刊誤正訛，徵事數典，皆優於《訓故》《音註》遠甚。故自清中葉以來，黃叔琳《文心雕龍輯注》，在「龍學」研究的領域裡，幾乎獨領風騷兩個世紀。民初，南開大學教授范文瀾，又因《輯注》頗有紕繆，未愜人心，遂根據《輯注》，再參以孫仲容手錄顧千里、黃蕘圃合校本，譚復堂校本、鈴木虎雄〈校勘記〉，益以趙萬里校唐寫殘卷，成《文心雕龍講疏》。一九二五年交由天津新懋印書館印行，一九三一年，北平文化學社再版，一九三六年上海開明書店重新排印，更名爲《文心雕龍注》。是書向以旁徵博引，資料繁富見稱。由於西學東漸後，國內各大學多設有中文學系，而《文心雕龍》又爲中文系學生研習古代文論的選修課程。故此書一出，即全國風行。因爲它流傳廣，影響大，遂取黃氏《輯注》而代之，成近世「龍學」中的權威。

楊明照先生生於清廷遜位，五族一統的前夕，自幼即受蜀中山川的滋潤，大足藝術的薰染，家庭父兄的誘導；既長則以過人的智慧，決心獻身祖國學術文化的研究。一九二六年，先生十七歲，入大足縣立簡易師範，一九三○年，錄取重慶大學文科預科，一九三一年，經著名詞學家吳芳吉的啓沃，和《文心雕龍》結下不解之緣的同時，也正是范文瀾《文心雕龍注》，經北平文化學社再版發行之日。先生曾自述其在研究過程中和范《注》的關係說：

記得我在重慶大學讀書時，對《文心雕龍》曾發生極大興趣。研閱既久，覺黃、李兩

家注有補正的必要。偶有所得，便不揣簡陋，分條記錄；後得范文瀾先生注本，歎其取精用弘，難以幾及；無須強爲操觚，再事補綴。但既已多所用心，不願中道而廢，於是棄同存異，另寫清本。以後如有增減，必先檢范書然後載筆。[一]

《文學年報》第三期，發表了〈范文瀾文心雕龍注舉正〉，一九五八年又由中華書局出版了《文心雕龍校注》，一九八二年，《文心雕龍校注拾遺》經上海古籍出版社發行後，認爲：

范《注》是在黃《注》的基礎上發展出來的，固然提高了一大步，有很多優點；但考慮欠周之處，爲數也不少[二]。

先生爲了採擷舊注的菁華，別創新疏，於一九八四年發表〈重新校注文心雕龍的初步設想〉一九八六年再發表〈運用比較方法研究中國文論〉，更在一九八八年，針對范《注》缺失，提出〈文心雕龍有重注的必要〉。此論雖屬草創，但以先生學而不已的精神，知難而進的毅力，再加上他腳踏實地的工夫，運用切實可行的方法，定能在耄耋之年，達成預期的理想。

爲《文心雕龍》研究的史乘，樹立一塊嶄新的豐碑。

本文在寫作過程中，其立義選言，全部根據先生的論著，內容約分五部分：首先，將早期出版的《校注》，和後來發行的《校注拾遺》兩相比對，期能發現在編寫體例、資料運用、

書末附錄，以及行文措詞各方面後出轉精的真象；及其擺脫黃《注》、李《補》、范《注》而自成一家的成就。其次，針對《校注拾遺》下深探力求工夫，看先生引說就例，因例明法，即法窮理，對徵事數典的考索，以抉發其校注《文心雕龍》的態度和方法。再其次，是先生既一生以「龍學」為研究的核心，則其對《文心雕龍》本文本義的校勘、注釋，文學理論的發微闡幽，劉勰生平事蹟的考察，〈隱秀〉篇補文的真偽，〈滅惑論〉的寫作年代等，以觀其上考下求，旁推交通所獲致的豐碩成果。最後，以為先生在學術領域裡，所以受到海內外學者的重視，必有促進其成功的動力，存乎其間；故一旦發為文章，才能歷久彌光，可大可久。為此，特別在結論中加以剖析。文末，為節省讀者翻檢之勞，特殿以〈楊明照先生文心雕龍著作年表〉，俾便對照循覽。

先生學行醇篤，超逸時流，他的《文心雕龍校注拾遺》，風行海內外，在近世紀「龍學」研究領域裡，確乎是繼黃《注》、李《補》、范《注》之後，又一陶冶萬彙、組織千秋的鉅著。更生遠居台灣，因好劉勰之《文心雕龍》，而得讀先生書，並知其為人，進而述其學。惟先生之造詣，廣大悉備，個人囿於識見；文中掛漏或言不盡意處，祈同道先進知我諒我。

王更生完稿於二〇〇〇年三月十五日

台灣台北市和平東路寓所

三、《文心雕龍校注》和《校注拾遺》的比較

自一九五八年先生之《文心雕龍校注》，經中華書局印行後，廣受學術界重視，以為高論宏裁，發前人所未發。一九八二年，上海古籍出版社又出版了先生精心結撰的《文心雕龍校注拾遺》，文長六十萬言；不僅在字數上、資料上作大量的增加，就是在結構、體例、內容以及行文措詞方面，較諸前著，均有大幅度地改變。一九八九年冬，先生於廣州參加「《文心雕龍》國際學術研討會」時，發表〈文心雕龍有重注的必要〉，九五年在北京參加「《文心雕龍》國際學術研討會」，再發表〈文心雕龍校注拾遺補正〉。對往日的研究成果，作自我的檢討與突破。現在筆者僅就後出的《校注拾遺》和早期印行的《校注》兩相比較，看一看先生後出轉精的真象。

(一)編寫體例的比較

打開兩書封面，即可看到《校注拾遺》和《校注》在編寫體例上，有顯著的差異：如《校

注》分〈梁書劉勰傳箋注〉、〈目錄〉、〈附錄〉、〈引用書目〉、〈後記〉等五目;《校

柱拾遺》則分〈書影〉、〈目錄〉、〈附錄〉、〈引用書目〉等四目,並將〈梁書劉勰傳箋

注〉改列於目錄之後。〈附錄〉部分,最可見出先生經營的苦心,足以和《校注拾遺》等量

齊觀。

《校注》分〈附錄〉為〈劉勰著作二篇〉、〈歷代著作與品評〉、〈前人徵引〉、〈群

書襲用〉、〈序跋〉、〈板本〉等六項;《校注拾遺》則分〈著錄〉、〈品評〉、〈采

撼〉、〈因襲〉、〈引證〉、〈敘訂〉、〈序跋〉、〈版本〉、〈別著〉等九項。

兩書在內容方面亦有不同。茲以《文心雕龍》卷一〈原道〉篇為例:《校注》首揭「原

道第一」、次「正文」,又次轉錄「黃叔琳注」、「李詳補注」;然後再接「楊明照校注拾

遺」。《校注拾遺》除「原道第一」的篇題,同乎《校注》之外,它不錄「正文」、「黃叔

琳注」和「李詳補注」;並在擴大原有「校注」的規模,增加其條目,充實其內容後,獨立

成書。

過去范文瀾注《文心雕龍》,除「校」與「正文」並行外,「注釋」時援引大量資料,

使讀者不勝負荷。今先生的《校注拾遺》,正文詞頭用粗黑字單行列出後,再將黃〈注〉、

李〈補〉、范〈注〉或他說,用細字較正文詞頭低一格,錄於次行。「按語」,則另起。編

排上，高低有致，閱讀時有朗若列眉之快。此兩書相較後，在編寫體例方面《校注拾遺》較

《校注》為精審之一證。

(二)資料運用的比較

先生之所以作《校注》，根據〈後記〉自述，以為：

通行的《文心雕龍》向來都認為黃叔琳的《輯注》較好，後經李詳為之〈補注〉，徵

事數典，又有新的補充，但他們對於文字的是正，辭句的考索，還是有一些未盡的地

方。……後得范文瀾先生的注本，歎其取精用弘，難以幾及，無須強為操觚，再事補

綴。但既多所用心，不願中道而廢。於是棄同存異，另寫清本〔三〕。

先生於二十四、五年在重慶大學讀書時，即開始聚材，一九三六年夏清寫成冊，作為畢業論

文。當年秋，入燕京大學研究院，經郭紹虞指導，賡續研究，材料較前倍增。這部早先印出

的《校注》和〈附錄〉，就是當時研究院論文的一大部分。持較後出的《校注拾遺》，在資

料運用上，其詳略情形顯有不同。茲以〈原道〉篇的條目為例：

《校注》本全篇注釋二十一條，《校注拾遺》則增加到三十八條，較前多出十七條。再

就其選用的資料加以比較，如「五行之秀，實天地之心」句。《校注》本引黃叔琳校云：「一

本『實』上有『人』字，『心』下有『生』字。」另行別起錄先生案語云：

元刻本、汪一元本、佘誨本、張之象本、兩京遺編本、胡震亨本、凌雲本、合刻五家本、四庫全書文津閣本、何允中漢魏叢書本、王謨漢魏叢書本、崇文書局本，並與黃校一本同。《禮記・禮運》：「故人者，其天地之德，陰陽之交，鬼神之會，五行之秀氣也。……故人者，天地之心也，五行之端也，食味、別聲、被色而生者也。」為舍人此文所本。疑原作「為五行之秀氣，實天地之心生。」下文「心生而言立」，即緊承「天地」句。〈徵聖〉篇贊：「秀氣成采」，亦以「秀氣」連文。陸德明〈經典釋文序〉：「人稟二儀之淳和，含五行之秀氣。」又其旁證〔四〕。

《校注拾遺》同條的內容：則首引黃叔琳校云：「一本『實』上有『人』字，『心』下有『生』字。」另行別起先生案語云：

元至正本、明弘治馮允中本、汪一元本、佘誨本、四部叢刊景印本、張之象本、兩京遺編本、何允中漢魏叢書本、胡震亨本、王惟儉訓故本、梅慶生萬曆音註本、凌雲本、合刻五家本、梁杰訂正本、祕書十八種本、謝恒鈔本、奇賞彙編本、漢魏別解本、清謹軒本、日本岡白駒本、尚古堂本、四庫全書文津閣本、王謨漢魏叢書本、鄭珍原藏鈔本、崇文書局本、文儷十三、諸子彙函二四，並與黃校一本同。梅慶生天啟二年校

定本，「人」「生」二字無，各空一格。文朔本無「人」字。吳翌鳳校本作「人為五行之秀，心實天地之心」。《禮記·禮運》：「故人者，其天地之德，陰陽之交，鬼神之會，五行之秀氣也。……故人者，天地之心也，五行之端也，食味、別聲、被色而生者也。」為舍人此文所本。疑原作「為五行之秀氣，實天地之心生。」下文「心生而言立」，即緊承「天地」句。〈微聖〉篇贊「秀氣成采」，亦以「秀氣」連文。《春秋演孔圖》：「考氣為人。」《文選》王融〈曲水詩序〉：「冠五行之秀氣。」陸德明〈經典釋文序〉：「人稟二儀之淳和，含五行之秀氣。」並其旁證〔五〕。

兩書相較，在同條資料上，《校注》本於校勘方面，使用了元刻本、汪一元本、佘誨本等十二種。《校注拾遺》本於此十二種外，又增加了明弘治馮允中本、四部叢刊景印本、王惟儉訓故本等十八種。在引書上，《校注》本引《禮記·禮運》以為「為舍人此文所本」，與《校注拾遺》相同外，《拾遺》本又擷取《後漢書·朗顗傳》引《春秋演孔圖》，和《文選》王融〈曲水詩序〉作為旁證，坐實其校注之不虛。《拾遺》本不僅在校本方面培增於前，就是在校字上也匠心獨具。如《校注》本於「並與黃校一本同」下，細字附注：「按梅慶生天啟二年校定本『人』、『生』二字無，各空一格。」而《拾遺》本則將此處校語改為「梅慶生天啟二年校定本『人』『生』二字無，各空一格」，下增細注云：「當係就原版剜去者。」正見先生觀

察入微，心眼細膩處。

再以〈微聖〉篇為例，《校注》本全篇只有十一條，《拾遺》本則增加到二十二條，適為前書的一倍。再拿「文章昭晰以象離」句，看兩書之不同點。《校注》本首引唐寫本「晰」，作「晰」；「象」，作「效」。另行別起先生按云：

唐本並是。晰俗字，當以作晰為正。《漢書・司馬相如傳》：「闇昧昭晰。」《後漢書・張衡傳贊》：「孰能昭晰。」《文選》何晏〈景福殿賦〉：「猶眩曜而不能昭晰者昭晰。」正作晰，不誤。又〈正緯〉篇：「孝論昭晰。」〈明詩〉篇：「唯取昭晰之能。」亦當依唐本改作晰。象離，與上句象夾複，象作「效」，唐本作效是也【六】。

《拾遺》本於此條首引唐寫本「晰」作「晰」；「象」作「效」。徐燉「晢」校「晰」；張紹仁校「晢」。另行別起先生按云：

唐寫本並是。《玉篇・日部》：「晰，之逝切，明也。晢、唎並同上。」「晰」俗字，當以作「晰」為正。何本、合刻本、梁本、岡本、尚古本、王本、崇文本作「晰」，不誤。《漢書・司馬相如傳下》：「闇昧昭晰。」《後漢書・張衡傳贊》：「孰能昭晰。」《文選》何晏〈景福殿賦〉：「猶眩曜而不能昭晰也。」《古文苑》班婕妤〈擣

素賦〉：「煥若荷華之昭晰。」並作「晰」。〈總術〉篇：「辯者昭晰。」尚未誤。

〈正緯〉篇：「孝論昭晰。」〈明詩〉篇：「唯取昭晰之能。」亦當從唐寫本改作

「晰」。「象離」，與上句「象夬」複，唐寫本作「効」是也〔七〕。

兩書雖同校此條，但其行文布局，敘述層次，尤其在資料運用方面，差別極大。如校字：《拾

遺》本援引何本、合刻本、梁本、岡本、尚古本、王本、崇文本與〈徵聖〉篇文對勘，證明

作「晰」不誤。又〈司馬相如傳〉，於《漢書》分上下，而〈校注〉本只錄《漢書‧司馬相

如傳》、《拾遺》本於篇名加「下」字。《校注》本於引《後漢書‧張衡傳贊》後，又以小

字雙行注「章懷注：『晰，音哳。』」而《拾遺》本改為「李注：『晰音哳』」更生按：章

懷太子名賢，為唐高宗子，曾注《後漢書》，章懷，諡號。先生校《文心雕龍》，凡引注皆

言姓氏，故此處將「章懷」改為「李注」。又引《古文苑》班婕妤〈擣素賦〉、《校注》本

作「若荷華之昭晰。」此句原作「煥若荷華之昭晰。」脫「煥」字，《拾遺》本補「煥」字。

此兩書相較後，在資料運用方面，《校注拾遺》較《校注》為精審之二證。

（三）書末附錄的比較

先生在《拾遺》本〈附錄〉前言有云：

劉舍人《文心雕龍》向爲學林所重。歷代之著錄、品評，群書之采摭、因習，前人之

引證、攷訂，與夫序跋之多，版本之眾，均非其他詩文評論著所能比儗。惟散見各書，

逐一繙檢，勢難周遍。今分別輯錄，取便省覽。其別著二篇及疑文數則，亦附後備攷

〔八〕。

綜計所附資料，分著錄、品評、采摭、因習、引證、考訂、序跋、版本、別著等九類。較之

《校注》本之所謂「劉勰著作二篇、歷代著錄與品評、前人徵引、群書襲用、序跋、板本」

等六項。其間之分合、損益，歧互極大。尤其對資料的鈎稽，《拾遺》本以鋪天蓋地的方式

窮搜冥索，凡與《文心雕龍》有關者，幾乎略無遺珠，茲比較說明如下：

〈著錄〉第一：

此即《校注》本附錄的〈歷代著錄與品評〉的一部分。《校注》本在〈著錄〉中輯得總

集類者二種、別集類者一種、集部者二種、文集類者一種、古文類者一種、子雜類者一種、

詩文名選類者一種、文說類者二種、文史類者八種、詩文評類者三種。《拾遺》本在〈品

評〉中輯得總評全書者二十四家，分詳各篇者二十八家，合計五十二家。在〈著

錄〉項目中，輯得入總集類者三種、入別集類者二種、入集部類者二種、入古文類者一種、

入詩文名選類者一種、入雜文類者一種、入子類者五種、入子雜類者二種、入文史類者九種、

入文說類者三種、入詩文格評類一種、入詩文評類者十七種，合計四十九種。在〈品評〉項目中，輯得總評全書者六十一家，分評各篇者四十三家。

兩書相較，《拾遺》本在〈著錄〉第一的分類方面多「雜文類、子類、詩文格評類」三種，著錄的作品多二十七種。在〈品評〉第二方面，類別相同，而家數多出五十二家。又《校注》本在〈品評〉中所列各家姓名上，不著朝代。《拾遺》本則加注朝代。

如梁沈約、清林傳甲、近人魯迅等。〈著錄〉中有部分條文經過改動或增益。如入別集類者，首列「袁州本《郡齋讀書志》」，《校注》本將晁公武按語移入〈品評〉(二分評各篇」中。

《拾遺》本將之改歸〈著錄〉後，並於晁公武說「晉劉勰撰」、「杜牧之以龍星為真龍」、「王摩詰以去病為衛青」、「昔日譏之」、「論道經邦之言也」各句，詳加注釋。〈校注〉本於「書目」往往省略部類，如《隋書‧經籍志》下只著「總集類」，《舊唐書‧經籍志》下亦只著「總集類」，《拾遺》本則於《隋書‧經籍志》下增「集部」，《舊唐書‧經籍志》下增「丁部集錄」。不僅如此，《拾遺》本往往對正文之有疑難者，於各條之下，另加「附注」。如《隋書‧經籍志》條「文心雕龍二十卷」後附注：「雕為琢文本字，古多假雕為之。」又《世善堂書目》條「文心雕龍十卷」後附按：「文心向無分二十卷者，陳氏書目多浮增卷帙，此其一也。」又《國史經籍志》條「辛處信文心雕龍十卷」後附按：「辛氏注明世已

不復存，弱候蓋因仍舊志，非目睹其書也。」又《讀書敏求記》條「劉勰文心雕龍十卷」後附按：「『謝伯耳』起，至『聊自錄之』五十餘字，義門雖由馮跋鎔裁而成，然字句已有所易；且『兩君之心頗近於隘』云云，更非已蒼口吻。陳氏行文實誤。」觀附注內容：或諟正文字，或說明存佚，或攷訂違誤，均以精言要語，指陳得失所在，對讀者裨益匪淺。同樣的情形，也見於〈品評〉。如「總評全書」時，引明朱荃宰《文通‧自敘》後附按：「來疥駝之讖者，乃北齊劉畫之〈六合賦〉、咸一既誤畫之〈六合賦〉為《劉子》，又混《劉子》、《文心》為一書，大謬。」同類又見於「清李義鈞〈繪山書院文話序〉」條後附按：「昭明出世之年，《文心》書且垂成，李氏說誤。」又「清林傳甲《中國文學史》第十三篇南北朝至隋文體十劉勰《文心雕龍》刱論文之體」條後附按：「林氏此文，多沿襲《四庫全書總目‧詩文評類‧小序》，及〈文心雕龍提要〉，因係我國編撰文學史之第一人，故特為迻錄。」

其內容或指陳語誤，或印證出處，皆能以扼要文字，直指問題本根。從這些細節可以看出兩書前後著錄的差異，及先生用力之勤和治學之嚴。

〈采摭〉第三：

《拾遺》本於〈附錄〉新增〈采摭〉一目。先生以為：

舍人《文心》，翰苑要籍‧采摭之者，莫不各取所需，多則連篇累牘，少亦尋章摘句。

其奉爲文論宗海，藝圃琳琅，歷代詩文評中，未能或之先也。涉獵所及，自唐至明，共得五十六書，則從略焉[九]。

檢此五十六書的內容，有三分之一是從《校注》本原屬〈徵引〉中移入，如唐劉存《事始》、宋高承《事物紀原》、宋葉廷珪《海錄碎事》、宋潘自牧《紀纂淵海》、宋王應麟《困學記聞》、《玉海》、元潘昻霄《金石例》、元王淵濟《群書通要》、明吳訥《文章辨體》、明楊愼《丹鉛總錄》、明王三聘《古今事物考》、明陳耀文《天中記》、明陳文燭《翰苑新書序》、明彭大翼《山堂肆考》、明兪安期《唐類函》、明徐師曾《文體明辨》、明董斯張《廣博物志》、明陳懋仁《文章緣起注》、《續文章緣起》、明胡震亨《唐音癸籤》等。

〈因習〉第四：

《拾遺》本的〈因習〉第四，亦屬新增項目。先生以爲：

《文心》一書，傳誦於士林者殆遍。研味既久，融會自深。故前人論述，往往與之相同，未必皆有掠美之嫌。或率爾操觚，偶忽來歷；或展轉鈔刻，致漏出處，亦非原爲乾沒。然探囊揭篋，取諸人以爲善者，則異於是，此又當分別觀也[一〇]。

此目自六朝至清代，將四十五書。其中二十一書係由《校注》原〈群書襲用〉中移入。但在各書稱謂及取材多寡方面，皆經先生重新調整，顯然有和《校注》本不同之點。如稱謂方面：

《校注》本原標目作「《金樓子》梁元帝」，《拾遺》本則於「梁元帝」下加「蕭繹」。《校注》本原標目作「《事物考》明王三聘」，《拾遺》本則改作「《古今事物考》明王三聘」。

又《校注》本原標目作「《升菴詩話》明楊慎」。在取材方面：《校注》本於《升菴詩話》選兩條，《拾遺》本則改作「《太史升菴文集》明楊慎」。在取材方面：《校注》本於《升菴詩話》選兩條，一爲卷一第十一頁下，次爲卷三第七頁下；《拾遺》本於《太史升菴文集》增選到六條，並分別見於卷二、卷四、卷五、卷六各頁。又《校注》本於明穆良孺的《茹古略集》止選一條，《拾遺》本則增爲兩條。所以在稱謂上《拾遺》本不但校《校注》本詳實，在取材上也擴大了《校注》本的範圍，內容更加充實。

〔引證〕第五：

《拾遺》本的〔引證〕第五，實際上就是《校注》本的附錄三〈前人徵引〉。根據《校注》本，前人徵引《文心》者有三十九家，而《拾遺》本增至一百三十二家，幾乎是《校注》本的四倍。又《校注》本的取材範圍，由唐至明，清代以下闕；但《拾遺》本卻自唐劉子玄的《史通》，直到近人余嘉錫的《古籍校讀法》。尤其《校注》本所收各家，在稱謂方面和《拾遺》本有不同之處。如《校注》本稱「劉子玄」，而《拾遺》本改稱「唐劉知幾」；《校注》本稱「空海」，《拾遺》本改稱「日本空海」。在取材方面，《拾遺》本範圍之廣，遍

及四部；甚至平常罕見的學者及其作品，也都被先生弋釣所得。如明郭子章的《六語諺語序》、清李因篤的《漢詩音註張衡怨篇》、清馬位的《秋窗隨筆》、清曾廷枚的《香野漫鈔史類露布》，以及近人陳漢章的《論語微知錄》等，這些著作大多鮮為人知，或知而不見，或見而未用，先生皆能一一甄擇，取為〈引證〉的內容。識見之博，此為一斑。

〈斂訂〉第六：

《拾遺》本的〈考訂〉第六，《校注》本無此目。據先生自述：

《文心》彌綸群言，通曉匪易，傳世既久，脫誤亦多。昔賢書中，間有零星考訂。其徵事數典，正譌析疑，往往為明清注家所未具。特為輯錄，以便參稽。孰得孰失，必有能辨之者〔三〕。

此目收自宋洪興祖的《楚辭補注》，至近人余嘉錫的《四庫提要辨正》。共得七十二家。凡入選者，皆以「正譌析疑」為「明清注家所未具」的資料為對象。如宋王應麟《玉海·聖文玉製箴贊頌》：「《文心雕龍》：『夏商二箴，餘句頗存。』」原注：『《呂氏春秋》有〈商箴〉（按見〈應同〉篇）〈周箴〉（按見〈謹聽〉篇）。』又《困學紀聞·書》：「《文心雕龍》云：『《書》標七觀。』孔子曰：『六誓可以觀義，五誥可以觀仁，〈甫刑〉可以觀誡，〈洪範〉可以觀度，〈禹貢〉可以觀事，〈皋陶謨〉可以觀治，〈堯典〉可以觀美。』」

見《大傳》。原注：『〈帝典〉觀美，〈大禹謨〉〈禹貢〉觀事，〈皋陶謨〉〈益稷〉觀政，〈泰誓〉觀義（按見〈論書〉篇）。』這裡的按語，為先生校讀時所加。至於王應麟《玉海》和《困學記聞》中所附的「原注」，頗有進一步探討的必要。蓋兩宋之時，《文心雕龍》除辛處信注外，不聞有他。而辛注於元明後亡佚；此處所謂「原注」者，原書之注也。既為《文心雕龍》原書之注，則定是王應麟以外的人所為。

多年前，我讀先生《校注》本後，特別檢核王應麟《困學紀聞》引《文心雕龍》所附的「原注」，遂以〈王應麟和辛處信《文心雕龍》關係之探測〉為題，著為專論（更生案、此文見於一九九一年五月台北文史哲印行《文心雕龍新論》），以為王應麟之所謂「原注」，似即辛處信的〈文心雕龍注〉。是非然否，不敢專擅，願藉此就教於先生。

〈序跋〉第七：

〈序跋〉在《校注》本列為〈附錄〉五，《拾遺》本置於〈附錄〉第七。其所以附列此目者。先生以為：

《文心》卷末，原有〈序志〉一篇，於全書綱目，言之差備。今之所錄，則後人手筆，與舍人意趣，固不相同。；然時移世異，銓衡自殊，其足邵者，正以此也。爰遂錄於次，以見一斑。至論述版本及校勘者，亦併錄為〔三〕。

《校注》自元錢惟善序，到清葉德輝跋，共得三十一家。不過，錢惟善、馮允中兩家的序，因先生於當時未見原書，故只錄出處，序文從缺。《拾遺》本則自元錢惟善序，至近人趙萬里〈唐寫本文心雕龍殘卷校記序〉，共得四十五家，除將《校注》本缺脫的錢、馮二序補齊外，凡對原書序跋有疑問者，往往在正文之末，另以「附注」或「附按」進行考訂。如「元錢惟善序」後附注：

> 《四庫全書》本錢氏《江月松風集》無此序（全集十二卷皆詩無文）；清光緒八年所刊者，此序亦漏收（附文一卷中，漏收此序）[三]。

一般人於纂輯資料時，只要將原缺的補齊即可了事，而先生卻心細如髮，又拿《四庫》本錢著的《江月松風集》比對，以為「有詩無文」，接著又和光緒八年晚出的刊本相較，以為雖增列文章一卷，亦漏收此序。他這種追根究柢的精神，是先生成就龍學大業的重要因素，更為當下學者所罕及。另外於「明張之象序」末附按：

> 張氏刻本，有初刻或原刻與改刻或覆刻之別，後附錄八有簡要說明。右序依據改刻本或覆刻本迻錄（「嫋生而穎慧，甫七齡，乃夢彩雲若錦，則攀而採之。齒在踰立，則嘗夢索源，又嘗夢持丹漆禮器」三十二字，初刻或原刻本作「嫋生而穎慧，七齡，夢彩雲若錦，攀而採之。齒在踰立，則嘗夢索源，又夢持丹漆禮器。」）改刻或覆刻伸縮遷就字數

之跡，甚爲顯然〔四〕。

先生對張氏刻本的初刻、原刻、改刻和覆刻的不同，以及爲遷就每行字數，刻者隨意將原序文字伸縮增減的情形，加以比對和考訂。足見先生實事求是和一絲不苟的敬業態度。

〈版本〉第八：

詳觀《文心雕龍》研究發展的進程，各代皆有不同的重點。唐宋以傳鈔爲主，元明以刊刻爲主，清代以校注爲主，民國以來則以學術理論的研究爲主。版本的刊刻又爲校注與學理探討的根本。學者從事研究，無不十分重視。先生於此注入了大量的心力。他說：

《文心》頗有異本，曾寓目者，無慮數十種，百許部，然多由黃氏輯注本出，未足尚也。餘皆一一詳爲對勘，亦優劣互呈，分別寫有校記，並識其行款。茲特簡述如後，於研討舍人書者，或不無小補云〔五〕。

綜理其在版本方面的收穫，《校注》本與《拾遺》本兩書顯有不同。如《校注》本於已見者計寫本二種、單刻本十一種、叢書本四種、選本十一種，共二十八種。其未見者，計寫本五種、刻本十八種、校本十二種，共三十五種。綜計其已見和未見者得六十三種。《拾遺》本於已見者計寫本八種、單刻本二十二種、叢書本十種、選本十三種、校本十九種，共七十二種。未見者計寫本五種，刻本二十三種、校本十五種、注本三種，共四十六種。綜計其已見

和未見者得一百二十八種。兩書相較，則《拾遺》本多出五十五種。足見先生搜羅之勤，目

見之廣。並對每一版本的庋藏、鈔寫、翻刻、版式等均有詳細的說明。如在「寫本」中對「明

謝恆鈔本」的考訂，謝本現藏北京圖書館，先生考訂說：

卷末有馮舒硃筆手跋（原跋已見附錄七），知已蒼於天啟七年，從錢謙益借得錢允治

本，而乞謝恆錄之者。（〈隱秀〉篇中允治鈔補之四百餘字，則為己蒼自錄）。字畫

工雅，疏朗悦目，與為葉林宗所影寫之《經典釋文》，諒無以異。黑格紙，白文。每

半葉九行；行二十字。五篇相接，分卷則另起。」〔一六〕

對謝恆鈔本的來源，〈隱考〉篇的鈔補，書法的工雅，紙樣、行次、啣接、分卷，均有說明。

又在「單刻本」中記載現藏上海圖書館的「元至正本」情形，先生考訂說：

卷首有錢惟善序（原序已見附錄七），知為至正十五年刊於嘉興郡學者。字畫秀雅，

猶有宋槧遺風。海內僅存之最早刻本也。惟刷印較晚，版面間有漫漶處（〈史傳〉、

〈封禪〉、〈奏啟〉、〈定勢〉、〈聲律〉、〈知音〉、〈序志〉等篇皆有漫漶字

句）。除〈隱秀〉、〈序志〉二篇有脫文（並非各脫一版。足見此二篇之脫文，非

「至正本」始，卷五亦缺第九葉（〈議對〉篇自「以儒雅中策」之「儒」字起，非

至〈書記〉篇，詳觀「四書」之「四」字止）。版心上魚尾上記字數，下魚尾下記刻

工（楊貴、楊茂、謝茂，或止有一謝字）姓名。白文。每半葉十行，行二十字。五篇相接，分卷則另起〔一七〕。

又於文末附注說：

黃丕烈所校元本，行款悉與此本同，字則有異，當非一刻。倫明所校元本，字既有異，行款亦復不同（每半葉九行，行十七字；首行題『《文心雕龍》卷之一』，次行題「梁通事舍人東莞劉勰撰」），則又另為一刻也〔一八〕。

先生於「元至正本」的來源、書法、特點、漫漶、脫文，以及旁推黃丕烈、倫明所校元刻之為異本，文簡義豐，如數家珍。其次，先生於自己家藏的「明鍾惺評合刻五家言本」亦有考訂云：

五家言為道言（即《文子》、德言（即劉晝《新論》）、術言（即《鬼谷子》）、辯言（即《公孫龍子》）、文言（即《文心雕龍》）五種。鍾惺「合而評之」（鍾氏敍五家言中語）者（《四庫全書提要》卷一三四子鄭雜家類存目十一曾著錄）。其書前有鍾氏及蔡復一敍（原敍已略見附錄二），惜皆未署年月。梅慶生萬曆《文心音註》本，所列音注校讎姓氏，鍾惺即在其中，是伯敬於舍人書固有說也。余見此本凡數部，相其紙墨，均比聚錦堂天啓二年所刻梅氏第六次校定《文心音註》本早；而此本（麗

辭〉篇「微人之學」句所引梅氏「微當作擬」校語，乃出萬曆本而非天啟本（天啟本已改「微」作「擬」）。是此本刻於萬曆之季，固已信而有徵矣。每半葉九行，行二十字，篇各爲起止。註仍萬曆梅本，移附每卷後。楊慎、曹學佺、梅慶生、鍾惺四家評語，分別列諸眉端。〔一九〕

尤其所收版本中的「明謝恆鈔本」、「明徐燉校本」、「近人倫明校元至正本」，皆屬稀世奇珍，所謂「青囊無底，善本難求」，若非先生好學敏求，斷難有此成就。

將鍾惺「評合刻五家言本」的內容，與同書他刻相比較，其刊刻時間、刻本款式、註與評語的位置，均有詳細交待，與一般言版本者，只注意刻本的時間、款式、行次、字數者不同。

〈別著〉第九：

《拾遺》本有〈別著〉一目，即《校注》本所謂「劉勰著作二篇」者。《校注》本只錄劉勰著作二篇，別無考訂文字，《拾遺》本於著作二篇外，尚輯得「疑爲劉勰之遺文」六條。

尤其在各篇標題下及文末的考訂文字，最是先生用力所在。如首篇〈滅惑論〉下引唐釋神清《北山錄》卷二〈法籍典〉篇、宋釋德珪《北山錄註解隨函》卷上〈夷夏〉條。又卷下〈顧歡〉條，推證舍人此文寫作的目的，爲破顧歡的〈三破論〉而作。文末〈附案〉對〈三破論〉的作者顧歡及劉勰〈滅惑論〉的寫作時間，和兩文關係問題，作對照說明。〈梁建安王造剡

山石城寺石像碑〉下，引《藝文類聚》卷七六、宋孔延之《會稽掇英總集》卷十六、《高僧傳》卷十三〈釋僧護傳〉、《梁書》卷二十二〈南平王偉傳〉，對碑文的名稱、來歷，梁建安的生平事跡，均一一徵實，證明「梁建安王」即太祖第八子蕭偉。文末〈附按〉，由碑文稱蕭偉之封號「建安王」，和「天監十五年，龍集涒灘，三月十五日，妝畫云畢」的記載，考之《梁書》卷二〈武帝紀中〉，肯定「舍人此文，作於石像落成之後，蕭偉尚未改封之前，即天監十五年三月，至十七年三月，兩年中也。」凡此說明，皆確鑿可信，使讀之者有昭晳發矇之感。

　〈引用書目〉：

　　書末「引用書目」部分，前後兩書歧異，亦有可說者：如《校注》本錄引用書目二百四十四種。《拾遺》本則錄六百〇五種。後者多出三百六十一種，所錄各書的作者姓氏、版本出處，雖有微異，但於內容無傷，姑且不論。

四、先生校注《文心雕龍》的態度與方法

先生平生在「龍學」方面用力最勤，創獲最多的便是「校注」。而校注之能否引說就例，因例明法，即法求理；使例明則法明，法明則理明，理明而校注之功備。這和從事校注的態度與方法，有密不可分的關係。以下先言其校注《文心雕龍》客觀的態度，次言其完備的方法。

(一)客觀的態度

先生校注《文心雕龍》，大抵以舊刊精校為依據。深究博考，不參加成見；反覆搜討，不遽下斷語；抉發文義，不穿鑿附會；不因個人一時的興會所至而越世高談。態度至為客觀。茲擇其尤為重要者，分別例示於下。

1. 深究博考，不存成見：如於《文心雕龍》卷一〈辨騷〉篇校「漁父寄獨往之才」句中「獨往」一詞時，首引舊校，以為「《楚辭補注》『往』作『任』，附校語云：『一云「獨任，

當作獨往」。徐爌校作「任」。《廣廣文選》作「任」。」先生於另行按云：

「任」字非是，「獨往」連文始見於淮南王《莊子略要》（見范文瀾引孫人和說），

六朝人多用之。《南齊書・高逸傳序》：「次則揭獨往之高節」，《梁書・沈約傳》

引〈郊居賦〉：「實有心於獨往」，又〈處士諸葛璩傳〉：「將幽貞獨往」，《抱朴

子・外篇・刺驕》：「高蹈獨往」，《文選》謝靈運〈入華子崗是麻源第三谷詩〉：

「且申獨往意」，江淹〈雜體詩許徵君首〉：「資神任獨往」，並其證。若作「獨

任」，則與漁父所言不合矣〔二〇〕。

先生在並陳舊校各說之後，立斷作「任」非是。原因有三：先是「獨往」連文，早見於淮

南王《莊子略要》；次是六朝人多用之，如《南齊書・高逸傳序》、《梁書・沈約傳》引

〈郊居賦〉、《梁書・諸葛璩傳》等連引六家作品為證；三，和屈原〈漁父〉的文義對照，

以為如非「獨往」，則與漁父所言不合。文行至此，則舊校之妄，和先生考校之真，而非

憑虛臆測者可知。

又校《文心雕龍・附會》篇「夫畫者謹髮而易貌」句中的「易貌」一詞。首引范文瀾

說，以為：「『易貌』疑當作『遺貌』，『遺貌』即『失貌也』。」先生於另行按云：

「易」字未誤。「易」，輕也；（《左傳・襄公》十五年杜注）「輕」，易也；

（《禮記·樂記》鄭注）此並無不合。「謹髮易貌」，即重小輕大之意。不必準《呂氏春秋·處方》篇、《淮南子·說林》篇之「失貌」而改「易」為「遺」也〔三〕。

今之學者於古書文義窒礙難解處，往往因便改易，又曲為之說。范文瀾根據《呂氏春秋·處方》篇、《淮南子·說林》篇改「易」為「遺」，「易貌」即「失貌」。先生以為「易」字不誤。並引《左傳·襄公》二五年杜注，《禮記·樂記》鄭注為證。證明「輕」「易」二字通轉。「謹髮而易貌」者，即重小輕大意。駁范氏「疑當作」非是。可謂鐵證如山。

先生校注《文心》，向不墨守一家，但其覃思精研，每舉一義，每校一字，足以令人宿疑冰釋。此皆深究博考，不參加成見的明證。

2. 行文立說，定有出處：一般人校注古書，或迷信古本，或迷信古注，或迷信類書與關係書。偏執一方，訛誤相傳，貽害後學，莫甚乎此。先生一本「無徵不信」的精神，對《文心雕龍》的詞疾義恙，多能在廣搜博攷，通其大例後，再下斷語，故能發疑正蒙，得其真詮。

如於《文心雕龍》卷四〈論說〉篇校「迄至正始，務欲守文」句，首引范文瀾注：「魏氏三祖，皆有文采。正始中，玄風始盛。高貴鄉公才慧夙成，好問尚辭，有文帝之風。蓋守文之主。」

范說未諦，何休〈公羊解詁序〉：「斯豈非守文（徐疏：『守文者，守公羊之文。』）

持論，敗績失據之過哉！」《後漢書·張純·曹襃傳論》：「漢興，諸儒頗修藝文；

及東京學者，亦各名家。而守文之徒，滯固所稟；……遂令經有數家，家有數説。章

句多者，或乃百餘萬言。」又〈王充傳〉：「以爲俗儒守文，多失其眞。」又〈黨錮

傳序〉：「自武帝以後，崇尚儒學，懷經協術，所在霧會，至有石渠分爭之論，黨同

伐異之説。守文之徒，盛於時矣。」是「守文」乃指今古學者之「滯固所稟」，拘牽

文義而言，非謂「守文之主」也。」又按「務欲」二字，疑有脱誤。當作「無務」（〈神

思〉篇：「無務苦慮」，〈風骨〉篇：「無務繁采」。）或「不欲」，文意始順。下

文「師心獨見」，正所謂不守文也〔三〕。

范文瀾望文生訓，以爲魏廢帝曹芳「有文帝之風」，爲「守文之主」。先生從兩方面深入

觀察：一由詞義「守文」上看，一從上下文義上看。從詞義看：證之何休〈公羊解詁序〉、

《後漢書·張純·曹襃·鄭玄傳論》、〈王充傳〉、〈黨錮傳序〉，發現各書之言「守文」

者，其義皆指「滯固所稟」，「拘牽文義」；非謂「守文之主」。從上下文義看：「迄至正

始，無欲守文」，故「何晏之徒，始盛玄論」，於是「聘周當路，與尼父爭塗矣」，因而有

「蘭石之〈才性〉，仲宣之〈去伐〉，叔夜之〈辨聲〉，太初之〈本無〉，元輔之〈兩例〉，

平叔之二論」，並「師心獨見，鋒穎精密，蓋論之英也。」細揣文義，則「務欲守文」和「私

心獨見」上下欠合，遂疑「務欲」脫誤，當作「無務」或「不欲」；並引《文心雕龍·神思·風骨》篇中劉勰慣用語法為證。行文至此，證據周延，無可質疑，乃斷言「范說未諦」。

范文瀾《文心雕龍注》，自一九二五年經天津新懋印書館發行後，一九三六年上海開明書店改版發行，一九六〇年香港商務印書館再增訂付印。此書在校勘方面大致依黃叔琳輯注本，再參以孫仲容手錄顧千里、黃蕘圃合校本、譚復堂校本、鈴木虎雄校勘記，以及趙萬里校唐人殘卷。於注釋方面，網羅古今，不限一家；至於師友之說，如黃侃《札記》，陳伯弢之言，皆在搜輯之列。其引典援證、釋文闡義，素以內容繁富見稱。先生早在一九三七年讀此書後，即於同年出版的《文學年報》第三期發表〈范文瀾文心雕龍注舉正〉，通計文中對范注說舍人書之未當者三十七條，誤黃評為紀評者十四條。持此與五十年後的《校注拾遺》相較，有重、有增、有補，更多達百條。其中或駁范注之失檢，或指范氏妄涉他說，或言范說內容空泛，或明范注引書不愜人意，或疑范注持論無本，或諟正范氏於《文心》句讀之失當，或證成范說而補其不足，或藉范注提出個人看法，或根據字形文義駁范氏校字之非是，或直斥范氏校注犯疏懶之病。無一不洞察入微。由於先生膽識絕倫，所以中外學術界，凡奉范文瀾《文心雕龍注》為治學津逮者，不可不以先生《校注拾遺》來發伏摘疑，為療病之良藥也。

3.態度嚴謹，不輕下斷語：蓋《文心雕龍》傳世一千五百年，時更數代，書遭數厄，尤其經過傳鈔，翻刻之後，其文字的譌脫，句讀的舛誤，篇章的錯亂，無一不造成研讀的障礙。所以從事校注，倍感困難。先生於〈文心雕龍有重注必要〉一文中，對黃叔琳《輯注》，范文瀾《注》提出說明後，特別強調目前各《文心雕龍》注本，在「文字的是正」和「詞句的考索」上有所不足。所以先生於校注《文心》時，廣泛涉獵，斟酌取捨，絕不輕下斷語；免得一慮偶疏，失之千里。如校《文心雕龍》卷七〈情采〉篇「心纏幾務」中的「幾」字。首引他本，以為「幾，凌本作『機』。」其另行按語則云：

以〈徵聖〉篇「妙極機神」，〈論說〉篇「銳思於機（此依元本、弘治本等；黃本已改作『幾』）神之區。」證之，「機」字是。《文選》嵇康〈與山巨源絕交書〉「機務纏其心」，為此語所本。正作「機」。《宋書・王弘傳》「參贊機務，」又〈裴松之傳〉：「而機務為殷。」《梁書・徐勉傳》：「雖當機務，下筆不休。」〈孔休源傳〉：「軍民機務，動止詢謀。」並其旁證〔三〕。

此先生考校文字的正誤，首援《文心雕龍》本書字例，證明「機」字是。次引《文選》嵇康〈與山巨源絕交書〉，明舍人造語所本。再由《宋書・王弘傳》、〈裴松之傳〉、《梁書・徐勉傳》、〈孔休源傳〉等同代作品的文例為旁證。又在〈論說〉篇「銳思於機神之

先生運用先歸納後演繹的方法，推斷「彌」字爲是。接著覓得舍人造語所本，次引《文心

盛」爲言〔一四〕。

「而寇虜彌盛。」成公綏〈正旦大會行禮歌〉：「於穆三皇，載德彌盛。」亦並以「彌

・牛弘傳〉：「（上表請開獻書之路）齊梁之間，經史彌盛。」張湛〈列子注序〉：

「執卷欣欣，此焉彌盛。」《南史・文學傳序》：「降及梁朝，其流彌盛。」《隋書

自出。〈章表〉〈書記〉兩篇，並有「彌盛」之文。《南齊書・劉瓛・陸澄傳論》：

以作「彌」爲是。《說苑・修文》篇：「德彌盛者，文彌得。」即「彌盛」二字之所

「稱」俗作「称」（覆刻汪本即作「称」）「弥」又作「弥」，二字形近易誤。此當

『彌』。」於另行附按則云：

作『彌』、佘本作『穪』，馮舒云：『穪』，當作『彌』。」何焯云：『稱』，意改

引他本，以爲「稱」，弘治本、兩京本、訓故本作『彌』，《詩紀・別集》引同（汪本

類此情形又見於校《文心雕龍》卷九〈時序〉篇「江左稱盛」中的「稱」字。先生首

膽大心細。

示黃本妄改，不足爲據。斷言「機」字爲是。足見先生持論元元本本，不僅舉證碻鑿，且

區」的「機」下，用細字附注，說明元本、弘治本等未改，黃本已改「機」作「幾」。暗

雕龍》本書同文的字例為證。認為這樣證據還不夠完備，再引《南齊書・劉瓛・陸澄傳

論》、《南史・文學傳序》、《隋書・牛弘傳》、張湛〈列子注序〉、成公綏〈正旦大會

行禮歌〉等同代作品的例句，證明皆以「彌盛」為言。是以先前推斷「彌」字為是者，至

此堅信無誤。這種先歸納後演繹的論證方式，印證先生原始要終，察曲以知其全，執微以

會其通，絕不輕下斷語的態度。

4. 發伏闕疑，以俟君子：

從事校注，斷不可憑經驗立說，必須有一分證據，說一分話，有十分證據，說十分話。觀

先生校注《文心雕龍》時，凡詞義有未徹底融會者，絕不逞臆強解，或憑虛揣測。往往以

猶豫不定之詞，發伏摘疑，以俟君子，亦即《漢書・藝文志》所謂「不知則闕」的意思。

如注《文心雕龍》卷七〈聲律〉篇「楚辭辭楚，故訛韻實繁」句中的「訛韻實繁」。先生

按語云：

〈離騷〉：「民生各有所樂兮，余獨好脩以為常，雖體解吾猶未變兮，豈余心之可

懲。」又「勉升降以上下兮，求矩矱之所同；湯禹嚴而求合兮，摯咎繇而能調。」言

楚辭古音者，各執一辭（或謂「常」當作「恆」，或謂「懲」古音「長」；或謂「調」

古讀如「重」，或謂「調」從言周聲，周之本體從用，兼有「用」聲等。）以叶其韻。

舍人所謂「訛韻實繁，未審屬此類否」〔一五〕？

又校《文心雕龍》卷八〈隱秀〉篇「非研慮之所求也」句中的「求」字，先引黃校云：「元

作『果』，謝改。」（梅校引謝云：「『果』，當作『求』。」）徐燉云：「『果』，一

作『求』。」（謝鈔本作「求」。）先生於另行按云：

「果」與「求」之形音俱不近，恐難致誤。疑原是「課」字，偶脫其言旁耳，〈才略〉

篇：「然自卿淵已前，多俊才而不課學。」其用「課」字，誼與此同〔一六〕。

再如校《文心雕龍》卷九〈養氣〉篇「戰代枝詐，攻奇飾說」句中的「枝」字。首引兩京

本、胡本、訓故本、岡本作「技」。徐燉校「枝」作「譎」。先生於另行按語謂：

「枝」與「技」於此均費解，與「譎」之形亦不近，恐非舍人之舊，疑當作「權」。

權，俗作权。蓋初由權作权，後遂譌為枝或技耳。此云「權詐」，正如〈諧隱〉篇「蓋

意生於權譎」之「權譎」然也。《説文·言部》：「譎，權詐也。」揚雄〈尚書箴〉：

「秦尚權詐。」（《類聚》四八引）《論衡·定賢》篇：「以權詐卓譎，能將兵御眾

為賢乎？是韓信之徒也。」《漢書·刑法志》：「春秋之後，滅弱吞小，並為戰國，

……雄桀之士，因埶輔時，作為權詐，以相傾覆。吳有孫武、齊有孫臏、魏有吳起、

秦有商鞅，皆禽敵立勝，垂著篇籍。當此之時，合縱連橫，轉相攻伐，代為雌雄。……

世方爭於功利，而馳說者以孫吳為宗。」並「權詐」連文，可證。又按劉向〈戰國策書錄〉：「是故始皇因四塞之固，⋯⋯並有天下，杖於謀詐之弊。」「枝」或「技」，豈「杖」之誤歟？以其形最近，姑附識於此〔毛〕。

校注工作不易，宋沈括於《夢溪筆談》二十五曾謂：「校書如掃塵，一面掃，一面生。」段玉裁〈與諸同志書〉論校書之難時也說：「校書之難，非照本斷字不譌不漏之難也，定其是非之難！」觀先生之校注《文心雕龍》，每校一字，每立一義，必有直證、佐證與旁證的相驗，字形相近相似的比對，聲類通轉的假借，然後才定其是非，否則，即如上述三例：一曰「舍人謂『訛韻實繁』，未審屬此類否？」再曰「疑是『課』字，偶脫其言旁耳。」三曰「恐非舍人之舊，疑當作『權』。」四曰「以其形近，姑附識於此。」皆發其伏、擿其疑，是非不定，以俟君子。這種不逞臆妄斷的態度，亦先聖「毋意、毋必、毋固、毋我」的意思吧！

(二)完備的方法

在〈漢魏六朝文學中幾條注釋的商榷〉一文中，開宗明義就說：

校注《文心雕龍》，既有如許困難，當從何著手而後可呢？欲明此道，須重方法。先生

注釋古典文學作品，本是一件不大容易的事。特別是今天，要求比過去更高。既要詞求所祖，事探厥源，以明原著來歷；又要用新的觀點，方法和準確鮮明的語言，深入淺出地爲之疏通證明，以幫助讀者了解。這自然不是羅列故實，釋事忘義，或自我作故，望文生訓的了。

他認爲注釋古典文學作品的方法：一是考索原著徵事數典的出處；二是運用新的觀點和方法；三是以準確鮮明與深入淺出的語言從事表達。以下便根據這三點，來檢視先生校注《文心雕龍》的情形：

1. 考索原著徵事數典的出處：

徵事數典爲劉勰樂用，其所以如此，是因爲片言隻字，可以闡明比較繁複和隱晦的寓意，或利用讀者對史實先例的尊重，權威輿論的崇奉，以加強自己言論的說服力。故借用古事成辭，以引證或比喻的實況，增益文章的典贍氣氛。此即劉勰《文心雕龍·事類》篇說的：「據事以類義，援古以證今。」又說：「明理引乎成辭，徵義舉乎人事，迺聖賢之鴻謨，經籍之通矩也。」常人讀《文心》，多能振葉尋根，明原典的出處，造語之所本。如《文心雕龍》卷一〈原道〉篇「至夫子繼聖，獨秀前哲」句中的「獨秀前哲」。先生校注云：

《孟子・公孫丑上》：「宰我曰：『以予觀於夫子，賢於堯舜遠矣。』子貢曰：『有

生民以來，未有夫子也。』有若曰：『豈惟民哉！……聖人之於民，亦類也。出於其

類，拔乎其萃，自生民以來，未有盛於孔子也。』」此舍人「獨秀前哲」語所本

〔元〕。

此條黃氏不注，范氏雖注而語焉不詳，獨先生搜厥根荄，考得舍人徵事數典的出處。

又校注《文心雕龍》卷三〈諧隱〉篇「尤而效之」句，首引黃校：「『而』，一作

『相』。」馮舒云：「『相』，當作『而』。」（何焯校同）先生於另行按云：

「相」字蓋涉下而誤。黃氏從馮舒說改爲「而」，是也。（元明各本皆作「相」）《左

傳・僖公》二十四年：「尤而效之，罪又甚焉。」又《襄公》二十一年：「尤而效之，

其又甚焉。」當爲舍人所本〔三〕。

黃、范二家均校一作「相」，不言出處。獨先生窮源究委，找出舍人行文的本源所在。

又校注《文心雕龍》卷四〈詔策〉篇「及馬援已下，各貽家戒」句。先生按云：

劉向集有〈誡子書〉（《御覽》四五九引），時在伏波前，舍人說小誤。繼援而爲家

戒者，代有其人。《後漢書・陳寵傳》有陳咸〈戒子孫書〉，《三國志・魏志・王昶

傳》有昶〈戒子書〉，《晉書・王祥傳》有祥〈遺令訓子孫文〉，《類聚》二三引有

王修〈誡子書〉，《御覽》四五九引魏文帝〈誡子書〉，杜恕〈家事戒〉，顏延之

〈庭誥〉等是也〔三〕。

黃注於此條僅言馬援〈家戒〉，而不詳其始末。范注稍詳其始末，而又不及其他，唯先生

上考下求，援《御覽》四五九證劉向集中早有〈誡子書〉，舍人所謂「馬援已下，各貽家

戒」，實非探本之論。過去黃雲門對盧文弨說：「人之讀書，求己有益耳；若子所爲，書

並受益矣。」書既受其益，然後進而可明作者造語的本意。所以考索原著徵事用典的出處，

是先生校注《文心雕龍》的重要方法。

2. 運用新的觀點和方法：

昔鄭樵著《校讎略》，研究聚書之法，勘書之法，分別源流之故，編次目錄之術。章

實齋以爲「蓋自石渠天祿以還，學者所未嘗窺見者也。」王念孫著《讀書雜誌》，後人歸

納其校書方法，除羣對諸本外，更有八法六十四例。俞曲園著《古書疑義舉例》，恢廓王

氏《淮南內書》《讀書雜誌》的成規，提出三十四條通例。一九一一年後，北京大學教授

陳援菴著《元典章校補釋例》六卷，曾將古今校注方法，歸納爲對校法、他校法、本校法、

理校法四種。觀先生校注《文心雕龍》，往往博採乾嘉諸老和通行的成規定例而靈活運用。

如校注《文心雕龍》卷四〈論說〉篇「言不持正，論如其已」句，首引黃校後，另行

附按云：

汪氏私淑軒原刻及覆刻，皆作「才不持論如其已」（元本、弘治本、佘本、兩京本、謝鈔本同）七字。黃校有誤。張本、胡本作「才不持論，寧如其已」，是也。（徐燉即於私淑軒本「如」字上方書一「寧」字。）當從之。《漢書‧嚴助傳》「朔皋不根持論」，又〈東方朔傳贊〉「不能持論」，《風俗通義‧十反》篇「范滂辯於持論」，《文選‧典論論文》「然不能持論」，並以「持論」為言。此為評張衡〈譏世〉、孔融〈孝廉〉、曹植〈辨道〉之辭，謂所作不能持論，寧可擱筆也。（訓故本作「才不持論，如寧其已。」「如寧」二字誤倒 [三]。

先生校注此條，引黃校從汪氏私淑軒本「才不恃論，寧如其已」，但先生檢視私淑軒本原刻及覆刻，皆作「才不恃論，如其已」七字，於是斷言黃校有誤。再檢張本、胡本，始知「才不持論，寧如其已」的所從出，係徐燉校私淑軒本時，在「如」上增「寧」字。證明汪本原無「寧」字；「寧」字為徐燉後加。王惟儉訓故本作「才不持論，如寧其已」，證「如寧」二字誤倒。足證先生於校注《文心》時，皆親檢原著，不襲舊說，信以存信，疑以存疑，絕不迷信權威。這是先生新觀點之一。

又校注《文心雕龍》卷五〈奏啓〉篇「是以世人為文，競於詆訶，吹毛取瑕，次骨為

戾：復似善罵，多失折衷」句，首引《御覽》「世人」作「近世」。另行先生附按云：

「世人」二字嫌泛，御覽所引是也。《宋書·荀伯子傳》：「（伯子）爲御史中丞。

凡所奏劾，莫不深相謗毀，或延及祖禰，示其切直；又頗雜嘲戲，世人以此非之。」

可資旁證。《韓非子·大體》篇：「不吹毛而求小疵。」《三國志·吳志·步騭傳》：

「騭上疏曰：『伏因諸典校摘抉細微，吹毛求瑕，重案深誣，趨欲陷人。』《史記·

孔子世家贊》：『折中於夫子。』《索隱》：『《離騷》曰：『明五帝以折中。』王

叔師云：『折中，正也。』宋均云：『折，斷也；中，當也。言欲折斷其物而用之，

與度相中當也。』」〔三〕

此條校注的重點在句中「世人」「吹毛求瑕」「折衷」三個部分。先生首先證「世人」詞

意浮泛，《御覽》引作「近世」是。其次再援《宋書·荀伯子傳》：「世人以此非之」，

作爲旁證、反證「近世」爲當。接著又引《韓非子·大體》篇，《三國志·吳志·步騭

傳》，證得「吹毛取瑕」的語源。再引《史記·孔子世家贊》和《索隱》。說明「折中」

一詞的所本及其意義。先生論敘過程，不僅按照《文心》〈奏啓〉篇的行文次第，而且或

校或注，皆層次井然，有條不紊。這是先生新觀點之二。

又校注《文心雕龍》卷四〈議對〉篇「宅揆之舉，舜疇五人」句。首引各本及《御覽》「

校「宅」作「百」，「人」作「臣」，徐燉「宅」校作「百」，「人」校作「臣」。天啓梅本「人」改作「臣」。黃校「（人）一本作『臣』。」次引劉永濟《校釋》云：「按〈舜典〉：『舜新命六人，禹、垂、益、伯夷、夔、龍也。此作『五人』，疑誤。又〈舜典〉雖有『惠疇』、『疇若』之文，皆訓誰？此言舜疇五人，亦文不成義。『疇』乃『訓』之借字，亦作『譸』，魏元丕碑曰『譸咨群寮』是也。」另行先生附案：

「百」「臣」二字並是。「百揆」與上「洪水」對。《論語・泰伯》：「舜有臣五人，而天下治。」《集解》引孔曰：「禹、稷、契、臯陶、伯益也。」（〈聖賢群輔錄〉：「禹、稷、契、臯陶、益，右舜五臣，見《論語》。）閻若璩《尚書古文疏證》四：「舜之佐二十有二人，其最焉者九官，又其最焉者五臣。」劉寶楠《論語正義》：「〈舜典〉言舜命禹百揆，棄爲稷，契爲司徒，臯陶爲士，益爲虞。此五人才最盛也。」是「五」字未誤。周生烈子：「舜嘗駕五龍以騰唐衢。」（《御覽》八一引《抱朴子・佚文》：「舜駕五龍。」（《書鈔》十一引）五龍，亦即五臣也。「疇」讀爲「籌」，《荀子・正論》篇「故至賢疇四海」，楊注：「或曰：『疇，與籌同。』謂計度也。」是「疇」字於此，亦非不可解者。劉說誤〔三〕。

此條首引各本校字，次引劉永濟《校釋》說，以爲舜疇五人，文不成義。然後先就校字進

一步深考，認為「百」「臣」二字並是。所以如此，因「百撲」和上句「洪水」對文見義之故。次就劉氏「五人」疑誤之說進行考證。於是引《論語·泰伯》篇，《論語集解》引孔曰，陶淵明〈聖賢群輔錄〉，閻若璩《尚書古文疏證》，劉寶楠《論語正義》，各家之說，證明「五」字不誤。再根據《御覽》十一引，周生烈子說，《書鈔》二十一引，《抱朴子·佚文》，證明「五龍」即「五臣」。最後訓「疇」字，以為當讀為「籌」。引《荀子·正論》篇楊注，「疇與籌同，謂計度也。」並非不可解。文行至此，則劉氏所謂「疑誤」和「文不成義」者，不但渙然冰釋，而且經過抽絲剝繭後，更別出新義。這是先生新觀點之三。

又校《文心雕龍》卷七〈聲律〉篇「是以聲畫妍蚩，寄在吟詠」句中的「蚩」字。首引何本、梁本、清謹軒本、岡本、尚古本、文溯本、王本、鄭藏鈔本、崇文本「蚩」均作「媸」。另行按語云：

「媸」字《說文》所無，古多以「蚩」為之。《後漢書·文苑下·趙壹傳》：「執知辨其蚩妍。」《文選·文賦》：「妍蚩好惡。」江淹雜體詩〈孫庭尉首〉：「浪跡無蚩妍。」劉峻〈辨命論〉：「而謬生妍蚩。」並不作「媸」。本書以「妍蚩」連文者凡四處，各本亦多作「蚩」。此文〈四聲論〉篇所引，亦作「蚩」。則舍人原皆作

此先生援引各本證舍人下字。首引各本均作「媸」，而「媸」字《說文》無，則古多以

「蚩」爲「媸」。於是繼而引《後漢書‧文苑下‧趙壹傳》、《文選‧文賦》、江淹雜體

詩〈孫廷尉首〉、劉峻〈辨命論〉，並不作「媸」。行文至此，已由各刻本對校，《說文》

所無，以及各書文例爲佐證，證明「蚩」字是。但先生不以此爲充足條件，再照應《文心

雕龍》本書以「妍蚩」連文之例。最後推定舍人原作「蚩」。這裡由直證、佐證、旁證，

揭示舍人下字的慣例，這是先生新觀點之四。

其校注《文心雕龍》卷八〈比興〉篇「枚乘〈菟園〉云：『焱焱紛紛，若塵埃之間白

雲』句中的「焱」字。先生按云：

從三火之「焱」與從三犬之「猋」，音義俱別，（《說文‧焱部》：「焱，火華

也。」音琰。又〈犬部〉：「猋，犬走貌。」音飆。）枚賦此段寫鳥，合是「猋」字。

「焱焱紛紛」，蓋形容眾鳥「往來霞水，離散沒合」之變化多端，不可名狀。《文選》

班固〈西都賦〉：「飍飍紛紛，矰繳相纏。」李善注：「飍飍紛紛，眾多之貌也。」

（《說文風部》曰：「飍，古飆字也。」焱與飍通，是焱焱紛紛即飍飍紛紛。又〈東都

賦〉「焱焱紛紛」，段玉裁《說文解字注》（卷十下焱部下）謂當作「焱焱炎炎」。

「蚩」可知矣〔三〕。

是「焱」、「猋」二字形近，固易互譌也〔一六〕。

〈比興〉篇「焱焱紛紛」的「焱」，先生以爲從三火的「焱」和從三犬的「猋」，雖然有別，但因二字形近，固易互譌。爲了證明此點，先生以爲首引枚乘〈菟園賦〉，先肯定此段文義在寫鳥，必是「猋」字無異。接著以句形相近的班固〈西都賦〉「飇飇紛紛」李善注：「飇，古飆字也。」證明「焱」與「飆」通。文行至此，則「焱」與「猋」因形近易誤，以及〈比興〉篇的「焱焱紛紛」爲「猋猋紛紛」，已如鏡照形，晃朗可知。故梳理各書，獲致結論，這是先生新觀點之五。

3.運用準確鮮明與深入淺出的語言：

昔何休解《公羊》，必纕括使就繩墨，賈逵治《左氏》，提綱領以挈都凡。故辨章學術，考鏡源流，須依循條理，執簡馭繁，方能曲暢其旨。觀先生校注《文心雕龍》，積四十年的苦心經營，幾乎到了衆美輻輳，表裡發揮，會之於心，應之於手的地步。雖然他惜墨若金，但語言卻準確鮮明，深入淺出。凡愛好《文心》的學者，展卷閱覽，必有事理明備的感覺。茲例示如次：

如校注《文心雕龍》卷三〈銘箴〉篇「昔帝軒刻輿几以弼違」句。首引唐劉存《事

始》、宋高承《事物紀原》、明王三聘《事物考》、宋本《太平御覽》，另行先生按語云：

諸書所引，皆有脫誤。《帝王世紀》：「（黃帝）或曰帝軒。」（《御覽》七九引）《中論‧治學》篇「帝軒同鳳鳴而調律」，《抱朴子‧內篇‧對俗》「帝軒候鳳鳴以調律」，《文選》張衡〈思玄賦〉「會帝軒之未歸兮」，又顏延之〈赭白馬賦〉「昔帝軒陟位」，是稱黃帝爲「帝軒」之證。《書‧益稷》：「予違汝弼。」此「弼違」二字所自出。（〈諧隱〉篇「其次弼違曉惑」，亦以「弼違」二字連文。）「輿几」與下句「筍簴」相儷。唐寫本作「昔帝軒刻輿几以弼違」，與今本正同。又按《國語‧楚語上》：「左史倚相曰：『……在輿，有旅賁之規……倚几，有誦訓之諫。』」韋注：「規，規諫也。誦訓，工師所誦之諫，書之於几也。」李尤〈几銘序〉：「昔帝軒仁智恭恕，恐事之有闕，作倚几之法。」（《書鈔》一三三、《御覽》七百十引）張華有〈倚几銘〉，見《書鈔》一三三及《御覽》七百十引。）據此，則「輿几」似爲二物〔三七〕。

此條內容相當複雜，綜覽《校注》，大致分三個部分：首先考證尊「黃帝」爲「帝軒」的語源；其次是「弼違」二字連文的出處；三是「輿几」一詞的名義與用途，是二物或一物？先生在考鏡過程中，先斷言諸書所引皆有脫誤。然後臚列《帝王世紀》、《中論‧治學》

篇、《抱朴子‧內篇‧對俗》、《文選》張衡〈思玄賦〉、顏延之〈赭白馬賦〉等六種文

獻,是尊黃帝為「帝軒」之證。接著引《尚書‧益稷》,為「弼違」一詞的所自出;又引

《文心雕龍‧諧隱》篇「弼違曉惑」之語,證「弼違」二字連文,《文心》已有其例。繼

而引唐寫本《文心雕龍》、《國語‧楚語上》、李尤〈几銘序〉、張華〈倚几銘〉等文,

言「帝軒……在輿,有旅賁之規;倚几,有誦訓之諫」,判斷「輿」與「几」似為二物。

連同用為佐證的《書鈔》、《太平御覽》,全條共十三種資料,除去標點符號,得二五五

字,拿引用的資料和敘述性文字相較,幾乎占了三分之一。以此極少量的文字,來處理三

部分的問題,想見先生在語言的運用上,的確是以精準明確的詞彙,表達理圓事密的理論,

而且深入淺出,層次清晰。足以說明他駕馭語言文字,有「以少勝多」的特色。

一九六一年四月二日,先生在《光明日報‧文學遺產》第三五七期,發表〈論著應重

視引文和注明出處〉一文,開宗明義就強調:

　　引文必須忠實,注出處必須明確,這是對一篇文章的起碼要求;也是作者應該注意到

　　的事項。

於是他提到當前學者在重視引文方面的不良現象,計有:

㈠誤乙為甲,張冠李戴。

㈡不審原文，強就己意。

㈢尋章摘句，不顧上下文意。

㈣斷句不當。

㈤起訖欠妥。

㈥字句錯落。

㈦任意增刪。

至於在注明出處方面的通病，計有：

㈠不注出處，只舉書名。

㈡雖注出處，注不明晰。〔二六〕

拿以上所講的情況，來檢視先生的《文心雕龍校注拾遺》，無不引文有據，出處明確，即令是細微末節，只要和校注有關而又為申明原典文義所需者，無不交代得綱舉目張，次第分明。不僅如此，就拿他發表的短篇論文來說：如一九六二年在《成都晚報‧學術討論》第一期寫的〈讀梁書劉勰傳札記〉，一九七八年在《四川大學學報‧社科版》第四期寫的〈劉勰卒年考〉，一九七九年五月十二日於《古代文學理論研究叢刊》第一輯發表的〈劉勰滅惑論撰年考〉，一九七八年發表於《文史》第五輯的〈文心雕龍研究中值得商榷的幾

個問題〉，每一篇文章除了附辭會義，提綱挈領之外，更是「外文綺交，內義脈注，附萼相銜，首尾一體。」〔元〕尤其在〈值得商榷的幾個問題〉中，談到《文心雕龍》流傳的時間既久，從事疏證或刊誤的也代不乏人的時候，特別強調「使用語言問題」。他說：

在某些同志的論著中，往往拿一些現代文藝理論中所使用的語言去美化《文心雕龍》。如簡介〈通變〉篇贊文的大意，說「作家應該果斷地抓住時機，在時間的前列，注意文學發展的新動向。」解釋〈附會〉篇「驅萬塗於同歸，貞百慮於一致」的涵義，不是說「用一個目標把紛紜的思緒統一起來，用一根紅線把複雜的材料貫穿起來」；就是說要避免「事件沒有中心，人物失去性格，情節陷於錯亂」；闡述劉勰的風格理論，說他已經認識到「要求作家必須深入社會生活，使自己的思想感情與時代的精神相合拍。」推斷劉勰要求的「博覽」，説「不僅是多讀書的問題，而是包含了理論與實踐聯繫的問題。」論證劉勰要求的「典雅」，説是要「反映群眾的呼聲，要求人民生活中起著積極的作用。」這些崇高而美好的語句，太現代化了。一千四百多年前的劉勰，恐怕是既不曾這麼想，也不會這麼說的吧！像這樣的從事美化，不僅非劉勰的初料所及，超出了《文心雕龍》原來的意思；而且還會在讀者當中造成一種「古已有之」的不良影響哩〔四〕！

先生所謂「準確鮮明與深入淺出的語言」，不僅指「校注」過程中行文措辭的簡潔明暢，引書引說要舉證確鑿，歸納演繹應理圓事密，更必須在注釋、翻譯時，要適切配合劉勰著述的時代和背景，合乎《文心雕龍》的本文本義，既不可畫蛇添足，也不能立異鳴高，必須本乎「古為今用」的原則，對劉勰《文心雕龍》作全面而深入的研究，取其菁華，棄其糟粕，所謂「覽華而食實，棄邪而採正，極睇參差，亦學家之壯觀也。〔四〕」正是先生對《文心雕龍》做深探力求的基本態度。

五、先生研究《文心雕龍》的創獲

先生自一九三一年，於重慶大學預科二年級，受吳芳吉先生啟沃後，開始和劉勰《文心雕龍》結下不解之緣。在這長達六十多年的時光裡，雖然先生博涉四庫，網羅多方，但其大部分的時間，大多環繞著魏晉南北朝的學術思想而殫精竭力，其中又以《文心雕龍》作樞紐他全部學術生命的關鍵。一九八〇年他在《四川大學學報·社科版》第二期，發表〈文心雕龍校注拾遺前言〉，該文文末說：

徵事數典，是魏晉以降文人日益講求的伎倆。劉勰自然也未能免俗，在他的筆下，四部學籍，任其驅遣，倒也「用人若己」，宛轉自如；卻給讀者帶來了不少困難。儘管已有王惟儉、梅慶生、黃叔琳、李詳、范文瀾諸家的注釋，但仍有疑滯費解之處，需要繼續鑽研和抉發。

接著又說：

由於《文心雕龍》流傳的時間久，在輾轉鈔刻的過程中，孳生了各式各樣的謬誤；或

脫簡、或漏字、或以音訛、或以文變，不一而足。前人和時賢在這方面做了不少工作，對我們今天的研究有極大的幫助。但落葉尚未掃淨，還有再事點勘。因為一字一句的差錯，並不是無關宏旨的〔四〕。

先生本著「知無涯，學不已」的精神，和「勤讀書」、「勤動手」、「勤用思」的困知勉行的毅力，以數十年的覽涉所得，其在《文心雕龍》研究上所獲致的豐功偉績，可從他的校注、理論、雜考三個層面窺其大端。

(一) 校注方面的成就

先生校注《文心》，精審綿密、資料周延。其體大思精處，不僅為「龍學」研究者提供方便，更因為他那種參互考校，匡違補苴的治學方法與態度往往在發疑正讀方面，發明劉勰行文條例，有凌駕前人的成就。

劉勰之著《文心》，無一處無來歷，無一句無出處。其中字例、詞例、句例、文例以及習慣用語等，層見疊出，垂手可得，先生從事校注，對此頗能發前人之所未發，多有創見。

例如：

1. 舍人下字之例：

其校《文心雕龍》卷二〈明詩〉篇「按召南行露」的「召」字。首引唐寫本作「邵」，宋本、鈔本、鮑本、《御覽》引同。「召」「邵」，音同形別，《文心》用「召」，而各本作「邵」，是非難辨。先生按云：

〈詩大序〉：「故繫之召公」，《釋文》：「『召』本亦作『邵』，同上照反；後獻詩」相證，此必原作「邵」也〔三〕。

『召南』、『召公』皆同。」舍人用字，多從別本；再以〈詮賦〉篇「昔邵公稱公卿

推斷舍人下字有多從別本的習慣。又如校注《文心雕龍》卷六〈神思〉篇「仲宣舉筆似宿構」句中的「構」字，別本也有作「構」的從「木」。先生按云：

「構」，當依別本作「構」，已詳〈雜文〉篇「腴辭雲構」條。

檢卷三〈雜文〉篇「腴辭雲構」句，首引唐寫本作「構」；《御覽》五百九十引同。先生按云：

「構」字是。「構」乃「構」之俗。〈比興〉篇「比體雲構」，〈時序〉篇「英采雲構」，並其證〔四〕。

經過比對全書行文之例以後，推定「構」字當從別本作「構」為是。

2.舍人措詞之例：

其校《文心雕龍》卷一〈原道〉篇「益稷陳謨」句中的「陳謨」一詞。黃校云：「元本作陳謀。」另行先生案云：

《御覽》引作「謨」，楊改是也。〈麗辭〉篇：「益陳謨云：『滿招損，謙受益。』」，亦以『陳謨』爲言。《後漢書・崔寔傳》：（政論）故皋陶陳謨，而唐虞以興。」是「陳謨」二字，固有所本也。[四]

此條證明劉勰於《文心》措詞，全書一律，皆有所本。於是先生便利用全書通行的詞例來考校文字的正譌。如校《文心雕龍》卷二〈明詩〉篇「婉轉附物」句的「婉」字時，按云：

以〈章句〉篇贊「宛轉相騰」，〈麗辭〉篇「則宛轉相承」，〈物色〉篇「既隨物以宛轉」例之，作「宛」是。且「宛轉」連文，見於《莊子・天下》篇[四六]。

此以全書各篇「宛轉」的詞例、勘校「宛」是「婉」非之例。

3. 舍人行文之例：

其校注《文心雕龍》卷四〈詔策〉篇「豈直取美當時，亦敬愼來葉矣」句。謝兆申疑作「亦以」，憑空臆測，難以取信。先生則以全書行文之例證之，云：

以〈練字〉篇「豈直才懸，抑亦字隱」例之，「亦」上似脫「抑」字。〈哀弔〉篇「抑亦詩人之哀辭乎」〈物色〉篇「抑亦江山之助乎」，亦並以「抑亦」連文[四七]。

4.六朝人習慣用語之例：

其校注《文心雕龍》卷一〈詮賦〉篇「張衡〈二京〉，迅發以宏富」的「發」字，黃校作「拔」，唐寫本、元本、弘治本、活字本、汪本、佘本、張本、兩京本、胡本、訓故本、文津本皆作「拔」；《御覽》、《類要》、《新箋決科古今源流至論前集二》、《經史子集合纂類語九》引同。「發」乎？「拔」乎？各有依據，殊難決定。先生按云：

「拔」，唐寫本、元本、弘治本、活字本、汪本、佘本、張本、兩京本、胡本、訓故本、文津本皆作「拔」；《御覽》、《類要》、《新箋決科古今源流至論前集二》、《經史子集合纂類語九》引同。「發」乎？「拔」乎？各有依據，殊難決定。先生按云：

作「拔」是。「發」蓋涉上下文而誤。六朝人習用「拔」字。如《晉書·文苑·袁宏傳》「辭又藻拔」，《梁書·文學上·庾肩吾傳》「謝客吐言天拔」，又〈吳均傳〉「均文體清拔」，《世說新語·文學》篇「支道林……出藻奇拔」，《詩品中》「氣

此不僅駁謝氏「疑作」之誤，且證得文有脫漏。又於《文心雕龍》卷六〈神思〉篇校「暨乎篇成，半折心始」中之「篇成」一詞時，按云：

「篇成」二字當乙，始能與上句之「搦翰」相對。《宋書·范曄傳》：「(獄中與諸甥姪書〉文章轉進，但才少思難，所以每於操筆，其所成篇，殆無全稱者。」足與此說印證。〈知音〉篇有「豈成篇之足稱」語〔四〕。

從同書他篇，和同代他作比對，不但舍人行文造語的體例可知，並就此進一步推斷「篇成」二字當乙，始能和上句的「搦翰」對文成釆。這種推論的結果，是正確的。

調勁拔」，蕭統《陶淵明集序》「辭采精拔」，是也。本書〈明詩〉篇「景純仙篇，

挺拔而爲俊矣」，〈雜文〉篇「觀枚氏首唱，信獨拔而偉麗矣」，〈隱秀〉篇「篇中

之獨拔也」。其用「拔」字誼與此同〔咒〕。

先生遍檢《晉書》以下的各種作品，證明「拔」爲六朝人行文造語的常用詞彙，以此常用

詞彙校〈詮賦〉篇的「迅發」的「發」字，推斷「拔」字是，「發」蓋涉上下文而誤。論

證碻鑿不刊。又如校《文心雕龍》卷九〈附會〉篇「寄深寫遠」句，元本、活字本、作「寄

在寫遠」、《喻林》八八引同‧，弘治本、汪本、佘本作「寄在寫遠送」；張本、何本、萬

曆梅本、凌本、合刻本、梁本、祕書本、謝鈔本、岡本、尚古堂本，作「寄在寫以遠送」，

《文通》引同‧，兩京本、胡本作「寄深寫遠送」，吳翌鳳云‧：「作『寄深寫遠』，與上四

字作對。」比對各本，或作「寄在寫遠」，或作「寄在寫遠送」、或作「寄在寫以遠送」、

或作「寄深寫遠送」，或作「寄深寫送」，各家持論，莫衷一是。先生按云‧：

　　諸本皆誤，疑當作「寄在寫送」。「寫送」二字見《晉書‧文苑‧袁宏傳》及《世說新語‧文學》

　　檢〈詮賦〉篇的按語是：

　　作「寫送文勢」是也。「送送文契」，六朝常語。已詳〈詮賦〉篇「迭送文契」

　　條〔吾〕。

篇注引《晉陽秋》。《高僧傳·釋曇智傳》：「雅好轉讀，雖依擬前宗，而獨拔新異，高調清徹，寫送有餘。」又附〈釋曇調〉：「寫送清雅，恨功夫未足。」亦並以「寫送」為言。《文鏡祕府論·論文意》篇：「開發端緒，寫送文勢。」正以「寫送文勢」成句。今本「迭」「契」，乃「送」「勢」之形誤，致文不成義〔五二〕。

文行至此，則「寫送」之為六朝常語，已為不爭之事實，〈附會〉篇「寄深寫送」之為「寄在寫送」，〈詮賦〉篇「送送文契」之為「寫送文勢」，得此亦可渙然冰釋，怡然理順了。

5. 《文心》釋名，概以二字為訓之例：

其校注《文心雕龍》卷三〈銘箴〉篇「箴者，所以攻疾防患，喻鍼石也」句。唐寫本於「箴者」下有「針也」二字。先生按云：

此例又見校注卷三〈誄碑〉篇「誄者，累也」句。《御覽》引無「累也」二字。先生按云：

本書釋名，概繫二字為訓，此應從唐寫本增「針也」「累也」二字當有，始與本書釋名例符〔五三〕。

足見先生治《文心》，由於熟讀成誦，胸有成竹，一旦發伏、或脫、或漏、或譌、或衍，即如庖丁解牛，應聲立辨，不勞經營也。

6. 《文心》贊語，無重複文字之例：

其校注《文心雕龍》卷四〈檄移〉篇「移寶易俗」句。徐���云：「『寶』當是『風』字，本文有『移風』之語。『移寶』，於義不通。」黃校云：「『寶』一作『實』。」兩說雖屬臆測，但論點亦不無可取。先生按云：

徐說亦未可從，若改作「風」，與下句之「風邁」複，本書贊文無是例也〔罒〕。此先生由《文心》五十篇贊文皆無文字重複的事實，推定徐燗「寶」當是「風」字的說法不可從。不僅掌握了舍人行文造語的通例，同時，也證明了徐氏改字之妄。

7. 《文心》選文稱名之例：

其校《文心雕龍》卷七〈麗辭〉篇「長卿上林賦云」句。黃校云：「『賦』字元脫，補。」此沿梅校，看似不誤。然先生按云：

本書引賦頗多，其名出兩字外者，皆未箸賦字，此不應補。〈通變〉、〈事類〉兩篇，並有「相如上林云」之句，尤為切證。梅氏補一「賦」字，蓋求與下「宋玉神女賦云」句相配耳。其實此「賦」字乃淺人所增。匪特與本書選文稱名之例不符，且與下「仲宣登樓」、「孟陽七哀」二句亦不相偶也〔罳〕。

同樣的例子，又見於《文心雕龍》卷八〈比興〉篇校「賈生鵬賦」句，顧廣圻、譚獻均認為「賦」當作「鳥」。」先生按云：

顧、譚說是。此段所引〈高唐〉、〈菟園〉、〈洞簫〉、〈長笛〉、〈南都〉諸賦，皆未箸賦字，此亦應爾。〈詮賦〉篇亦引〈菟園〉、〈洞簫〉、〈鵩鳥〉諸賦，而「鵩鳥」正不作「鵩賦」〔英〕。

如將前後兩文對勘，可見舍人選文稱名，多不箸文體的通例。

(二)理論方面的成就

我讀先生一九五七年十二月，因《文心雕龍校注》〈後記〉〔毛〕，在這篇文章的末尾，自述：

從前只在字句間和資料上注意，沒有從全書的思想內容進行探討，實在有點不愿於心。

其實根據我手邊的資料，自一九五七年十二月以後，先生在《文心雕龍》理論上的建樹，有十分顯著的成就。其中可得而述者如一九六二年，原載於《文學遺產增刊》第十一期的〈從文心雕龍「原道」「序志」兩篇看劉勰的思想〉。同年發表於《四川文學》二月號的〈劉勰論構思〉、十月號的〈劉勰論煉意煉辭〉，一九八〇年發表於《四川大學學報・社科版》第二期的〈文心雕龍校注拾遺前言〉，一九八五年發表的〈從文心雕龍看中國古代文論史、論、評結合的民族特色〉，或宏觀，或微觀，或全面，或部分，都是在中國文學理論上具有特殊

建樹的作品。其中尤以〈文心雕龍校注拾遺前言〉，最是綱舉目張的結構。全文雖然分為三部分，但內容卻是籠罩劉勰生平，根柢文心精義。以他數十年窮搜冥索的工夫，寫下了獨創發明的心得。茲揀其見地特殊，迥異常說者，條列如次：

1. 劉勰不婚娶，係受佛學影響：

《梁書‧劉勰傳》：「勰早孤，篤志好學，家貧不婚娶。」學者多從此說，以為劉勰不婚娶，由於家貧之故。先生參考史實，證諸習尚，認為劉勰不婚娶，係受佛學影響。他說：

> 早孤的劉勰，並不因為無人管教和家道中落而放鬆學習；卻自覺地篤志好學。所讀的書，大概不外儒家典籍。他的儒家思想，也從此紮下了根。但在佛學甚囂塵上的當時，劉勰卻曾受其影響而不婚娶。這是一時的風尚，不止劉勰一人為然〔宍〕。

同樣的論證又見於〈梁書劉勰傳箋注〉。在這篇文章裡，先生列舉了周續之「入廬山事沙門釋慧遠，遂終身不娶妻。」褚伯玉之「有操守，寡嗜欲」，拒絕婚姻。劉訏與族兄劉歊，「不娶不仕。」顏延之「孤貧，負郭而居」「行年三十猶未婚」。劉瓛「兄弟三人共處蓬室一間」，「年四十餘未有婚對」。以及釋僧祐避婚為僧的事。由以上種種事例，則舍人因信佛而終身不娶，更為有徵。

2. 劉勰依定林寺釋僧祐，非為家貧：

《梁書‧劉勰傳》：「勰早孤，篤志好學、家貧、不婚娶。依沙門僧祐，與之居處積十餘年。」學者多以為劉勰依沙門僧祐，由於家貧無依。而先生卻不以為然。他說：

（當時）儒佛合爐共冶的傾向已日益普遍。知識分子除照例肄習儒家經典外，為了適應潮流，以利於向上爬，都愛到寺廟去跟和尚們打交道。有的是諳戒範，明佛理。寺廟廣開，典，有的是考尋文義，有的是瞻仰風德，有的則住在廟裡讀經論、明佛理。寺廟廣開，投身接足者頗不乏人。……劉勰為了獲得一個比家裡條件更好的學習環境，專心致志地攻讀若干年，……上定林寺正是他夢寐以求的地方，同時也是他希圖走入仕途的終南捷徑〔充〕。

先生於〈梁書劉勰傳箋注〉更有進一步的論證，舍人依居僧祐後，必定「縱意漁獵」，為後來「彌綸群言」的巨著「積學儲寶」。定林寺位於南京紫金山，自宋迄梁，寺廟廣開，高僧如雲。處士、名流皆策蹕山門，展敬禪室。舍人寄居此寺長達十餘年之久，而又博通經論，竟未變服者，蓋緣濃厚的儒家思想所支配。

3. 劉勰晚年出家，是無可奈何的歸宿：

《梁書‧劉勰傳》：「有敕，與慧震沙門於定林寺撰經。證功畢，遂啟求出家，先燔髮以自誓。敕許之。乃於寺變服，改名慧地。」學者向以為劉勰時任步兵校尉兼東宮通事舍人，

在政治上炙手可熱，何以不在依居僧祐之年受戒，竟於晚年脫屣利祿，證功畢變服出家，頗令人不解。先生根據各種佛典推論，頗有卓見。他說：

到了中大通三年（西元五三一年），昭明太子一死，東宮舊人例不得留，劉勰既未新除其他官職，奉敕與沙門慧震於定林寺撰經，大概就在這段時間吧。任務完成，他便請求出家，並先燔鬚髮以表示決心。被批准後，就在該寺當了和尚，法名慧地。無可奈何的歸宿，不到一年光景便去世了〔⑧〕。

在〈梁書劉勰傳箋注〉裡，先生對舍人不於依沙門僧祐之年出家，或在受敕與慧震撰經之日變服，卻當證功完畢，始啟請出家，遁入空門，其原因除無可奈何之歸宿外，固與信佛的深化有關。

4. 劉勰以儒家思想為出發點，確立了文學的基本原則：
劉勰撰寫《文心雕龍》的思想，范文瀾注《文心雕龍‧序志》篇，即以為「彥和精湛佛理，《文心》之作，科條分明，……蓋採佛書法式而為之」，此說一出，當代學者往往加以推衍，並河漢其辭，說者或以劉勰思想根柢於佛教，或以為與老莊思想有關。而先生於此卻有平實的觀點。他說：

由於劉勰以儒家思想為出發點，所以他用〈原道〉、〈徵聖〉、〈宗經〉三篇來籠罩

5.

先生又有〈從文心雕龍「原道」「序志」兩篇看劉勰的思想〉一文，文中以〈原道〉、〈序志〉為主軸，全書各篇為輔翼，分析劉勰的思想歸屬。最後獲致兩點結論：首先是劉勰在《文心雕龍》中所表現的思想為儒家思想；其次進一步強調，劉勰不僅是儒家思想，更是古文學派的儒家思想。如果將兩文合參，更可以體悟先生持論的正確性。

《文心雕龍》的內容與佛經著作無直接間接關係：

先生既肯定劉勰是古文學派的儒家思想，則儒家思想必然取得支配地位，所以劉勰「述先哲之誥」的《文心雕龍》內容，與佛經無直接和間接關係。他說：

《文心雕龍》是我國古代文學理論批評專著。所原的「道」，所徵的「聖」，所宗的「經」，皆中國所有；所闡述的文學創作理論，所評騭的作家、作品，亦為中國所有。所以全書中找不到一點佛家思想或佛學理論的痕跡，而是充滿了濃厚的儒學觀念[六二]。

《文心雕龍》全書，確立了文學的基本原則。「道心」是文學的本原，「聖人」是立言的標準。「經書」是文章的典範。……《文心雕龍》包含了極其豐富的內容，對大量的文學現象進行了具體而細緻的分析，提出了許多真知灼見。這是不能簡單地用儒家思想來包括的。《文心雕龍》的卓越貢獻也正在這裡[六一]。

關於《文心雕龍》的內容與佛經思想有無關係問題，一般人常和劉勰的〈滅惑論〉比較，以為同是一人一地之作，不可能毫無瓜葛。先生於一九七九年著〈劉勰滅惑論撰年考〉中，對此曾提出明確地看法。認為：

同樣的道理，我們要研究劉勰《文心雕龍》和〈滅惑論〉的內容思想，是絕對不能相提並論的。

由於它們各自的內容和寫作的時間不同，不僅「言非一端，各有所當」，即以創作思想而論，也不可能前後一致，毫無變化 [空三]。

6. 《文心雕龍》中提供了不少新的東西，值得我們深入學習探討：

先生認為《文心雕龍》是我國最優秀的古代文學理論遺產之一，是從先秦以來文學理論批評的不斷發展而出現的一部傑作，它提供了不少新的東西，值得我們深入學習和探討。根據他的精思博考、分析比較，綜理全書五十篇的內容，取其精醇，棄其糟粕，提出八個層面。這八個層面是：

在文學與現實的關係上：劉勰認為文學是客觀現實的反映。在這種反映中，也浸透了作家的主觀感情，此其一。

在文學與政治關係上：劉勰強調文學的社會功能。此其二。

在內容與形式的關係上：劉勰認爲內容決定形式，形式表現內容，要求作品達到二者的統一，此其三。

在繼承與創新的問題上：劉勰主張既尊重歷史形成的文學規律，又根據現實的情況加以創新，此其四。

在作家與風格的關係上：他認爲作品風格是作家個性的外現，要求作家通過加強學習，來培養高尚的風格，此其五。

在創作與技巧的關係上：劉勰強調作家必須通曉寫作規律，反對忽視技巧的傾向，此其六。

劉勰在《文心雕龍》中，還對各種文學現象進行了大量的藝術分析，總結了許多謀篇布局，遣詞造句方面的規律，此其七。

關於創作與批評的關係，劉勰要求文學批評符合文學創作的實際，並提出了正確進行文學批評的方法，此其八〔四〕。

先生從《文心雕龍》五十篇中，以披沙揀金，玉田採璞的方式，撿出這八大理論，此不僅是先生精理密察的心得，同時也給研治《文心》的學者指引出一個正確的坐標。

7.
劉勰對於古今成說，既有所繼承，也有所批判：

《文心雕龍》的巨大成就，絕不是越世高談，突如其來；而是有所繼承和發展。先生說：

從先秦的孔子、孟軻、荀卿，漢代的劉安、揚雄、桓譚、王充、班固、王逸到魏晉的曹丕、曹植、陸機、摯虞、李充、葛洪各家的論著，以及《周易》的〈繫辭〉、《禮記》的〈樂記〉和《毛詩》的〈序〉，劉勰莫不「縱意漁獵」。凡是認為正確的，或引申、或疏證，或作為理論依據，或借以證成己說，旁搜遠紹，取精用弘，使古代的文學理論批評，又邁進了一大步〔六五〕。

他又說：

劉勰對前人的研究成果，儘管認為有這樣那樣的缺點，但他並不是全部予以否定。〈序志〉篇又說：「及其品列成文，有同乎舊談者，非雷同也，勢自不可異也；有異乎前論者，非苟異也，理自不可同也。同之與異，不屑古今，擘肌分理，唯務折衷。」這就說明他對古今成就，既有所繼承，也有所批判〔六六〕。

因為《文心雕龍》涉及了當時文學的各個層面，既具系統性，又有完整性，為我國古代文學理論奠定了基礎。也把我國古代文學理論和批評推向了一個新的階段。

(三)其他考釋的成就

先生六十年來，除了《文心雕龍校注》和《文心雕龍校注拾遺》，以及純粹學理性的論著外，一九三七年於《文學年報》首次提出〈范文瀾文心雕龍注舉正〉後，迄一九九七年發表的〈文心雕龍版本經眼錄〉為止，其考釋性的單篇論文計有〈書鈴木虎雄黃叔琳本文心雕龍校勘記〉、〈梁書劉勰傳箋注〉、〈讀梁書劉勰傳札記〉、〈文心雕龍研究值得商榷的幾個問題〉、〈劉勰卒年考〉、〈涵芬樓影印文心雕龍非嘉靖本〉、〈劉勰滅惑論撰年考〉、〈文心雕龍隱秀篇補文質疑〉、〈文心雕龍校注拾遺補正〉、〈文心雕龍原道篇「文之為德也大矣」試解〉、〈文心雕龍有重注的必要〉等約十五篇論文。皆屬思理縝密，見解精碻之作。為「《文心雕龍》學」久懸不決的疑難雜症，有的提出了靈丹妙方，有的不但根本解決，且早已成為定論。其貢獻之大，足可與《文心雕龍校注拾遺》媲美。因此，筆者深恐默而不張，有悖先生發明獨創的本意，特揀其中至關緊要者，分項剖析，以彰顯幽眇。

1. 劉勰生平事蹟的考訂：

先生著有〈梁書劉勰傳箋注〉、〈劉勰卒年初探〉、〈劉勰滅惑論撰年考〉、〈文心雕龍時序篇「皇齊」解〉等。前二篇考訂劉勰生平事蹟；後二篇考訂劉勰著作的年代。劉勰生平事蹟的記載，最早見於《梁書》及《南史》，但二書所載甚是簡略，尤其關於劉勰的家世、生卒、行誼、師承、著述等，更是語焉不詳。後之學者雖多方搜求，始終東鱗西爪，

難見完璧。先生於一九五七年，由中華書局印行的《文心雕龍校注》首頁，即附有〈梁書劉勰傳箋注〉。此文一出，當時學術界即驚嘆為析理精到，資料宏富之作。一九七九年，先生又於《中華文史論叢》第一輯發表〈梁書劉勰傳箋注〉，較之前文，無論是資料的搜輯，世系的考訂，行誼的敘述，層次的調整，均倍加詳實。文前先生曾言：

劉舍人身世，《梁書》、《南史》皆語焉不詳。《文集》既佚，攷索愈難。雖多方涉獵，而弋釣者仍不足成篇。（原擬作一年譜或補傳）爰就《梁書》本傳，（視《南史》稍詳）酌為箋注，冀有知人論世之助云爾〔七〕。

對知人論世而言，確為讀《文心》而欲知劉勰生平行誼者，大開方便之門。

至於劉勰〈滅惑論〉的撰述時間，因為和劉勰的思想歸屬關係密切，久為學術界纏訟不決的公案。一九七九年，先生於《古代文學理論研究叢刊》第一輯發表了他的〈劉勰滅惑論撰年考〉。他開宗明義就說：

《文心雕龍》成書於齊和帝中興元、二年（西元五〇一～五〇二年）間，清人劉毓崧有詳實的考訂（見《通義堂文集》卷十四〈書《文心雕龍》後〉），已為古代文論研究所公認，無須再贅。〈滅惑論〉撰於何時，尚無專文論述。本文擬作初步試探，就正於專家讀者〔六〕。

先生根據唐釋神清的《北山錄》卷二〈法籍興〉篇，宋釋德珪《北山錄注解隨函》卷上〈夷夏〉條，證明劉勰的〈滅惑論〉是針對齊顧歡的〈三破論〉而作。繼而再根據《南齊書》卷五四〈高逸·顧歡傳〉的記載，知歡在齊武帝蕭賾永明十一年之前逝世，則劉勰〈滅惑論〉既係針對顧歡〈三破論〉而作，則斷定〈滅惑論〉的寫作時間，應距〈三破論〉問世之日不遠。以此下推，至齊和帝中興元、二年（西元五〇一年前後）間，因此斷言〈滅惑論〉寫成的時間，比《文心雕龍》早。由於〈滅惑論〉和《文心雕龍》撰述先後的不同，對研究劉勰思想問題，就必然不能混爲一談。所以肯定了〈滅惑論〉的撰述時間，即等於確定了劉勰在《文心雕龍》中的思想屬性。這篇論文在劉勰生平行誼上的重要性，已不言可喻。

又《文心雕龍》成書年代問題，清朝紀昀、郝懿行、顧千里、劉毓崧先後加以重視；尤其劉毓崧在《通義堂文集》卷十四〈書文心雕龍後〉一文，考訂最是精詳，久爲學界公認。不意仍有學者不滿成說，對《文心雕龍》成書年代提出質疑，認爲不能完全根據《文心雕龍·時序》篇末「皇齊馭寶」句中的「皇齊」一詞，便斷定《文心雕龍》成書於齊代。

先生在〈文心雕龍時序篇「皇齊」解〉一文開篇就說：

《文心雕龍》成書的年代，自《隋書·經籍志》題爲「梁兼東宮通事舍人劉勰撰」後，

我們就不難看出《文心雕龍》確是寫成於齊代，纔會在「齊」上冠一「皇」字。如果

的前後差異，正是寫作年代不同的顯著標誌，也是最可靠的第一手資料。於是先生推斷：

事蹟時，則只稱為齊，並未冠有「皇」字，於梁則稱「大梁」。同一時代也，劉勰稱呼上

的尊稱，入梁以來，天監十六年左右，撰寫〈梁建安王造剡山石城寺石像碑〉，敘述齊代

人之稱「皇梁」一樣。劉勰於齊末撰寫《文心雕龍》時稱齊為「皇齊」，是當時王朝例行

的「皇齊」二字，均為齊代君臣對當時王朝例行的尊稱。跟劉宋時人稱「皇宋」，蕭梁時

淵碑文〉、沈約〈齊故安陸昭王碑文〉、《廣弘明集》所錄沈約〈齊竟陵王題佛光文〉中

事翻案。先生乃援引《南齊書・明帝本紀》、〈王慈傳〉，以及《昭明文選》中褚

當時有學者提出〈文心雕龍成書的時代問題〉，對前人考得《文心雕龍》成書於齊代

後取其所需，自我作故，侈談書成於梁代的種種理由〔六〕。

文章的就必然要先在「皇齊」二字上煞費苦心，來掃除所謂「罩在眼上的朦翳」；然

證，「皇齊」二字便是第一條。可見這條內證是何等的重要啊！正因為這樣，寫翻案

人書成於齊世。其中，尤以劉毓崧的考訂最為翔實，不愧後出轉精。他提出的三條論

之。到了清代，纔先後為紀昀、郝懿行、顧千里、劉毓崧四家所重視，並據以推定舍

都相承其說，信以為然。而於〈時序〉篇末段劉勰本人的論述，則習而不察，等閒視

是梁代寫成的話，大可像〈梁建安王造剡山石城寺石像碑〉那樣，只稱為「齊」就夠了，又何必多冠一「皇」字呢[七O]？

他這種不慍不火，據事說理，由於引證確鑿不刊，不僅可以息爭弭訟，對劉勰撰寫《文心》的年代，無論內證外舉，均鐵案如山，無可質疑了。

關於劉勰的卒年，也有種種臆測，但大多不脫六十歲前後，即卒於梁武帝蕭衍普通元、二年（西元五二一年前後）。先生於一九七八年在《四川大學學報·社科版》第四期，發表〈劉勰卒年初探〉。他根據宋釋志磐《佛祖統記》卷三十七、元釋念常《佛祖歷代通載》卷九，以及釋覺岸《釋氏稽古錄》卷二等書所繫劉勰出家之年，然後再依照史書合傳的通例，「即率以其人的卒年先後為序」的原則推論。他說：

劉勰名次（在《梁書·文學傳》中）既廁於謝幾卿、王籍之間，其卒年固不應先於謝幾卿或晚於王籍。《佛祖統記》謂劉勰於大同四年出家，當屬可信（念常、覺岸兩家繫年，與《梁書·文學傳》下所列名次先後不符）。《梁書》言其「變服……未期而卒」，是劉勰從出家到卒的時間，沒有超出十二個月之外。如果這段時間跨了兩個年頭的話，那麼，劉勰之卒，不在大同四年，便是次年了[七一]。

先生又統合劉勰生平加以推論，說：

《文心雕龍》成於齊和帝之世（西元五〇一～五〇二年。清人劉毓崧《通義堂文集》卷十四有專文論證）。劉勰當時「齒在踰立」。假定為三十二、三歲，再往上推算，他生於宋泰始六年（西元四七〇年）左右，至梁大同四、五年（西元五三八～五三九年）間，約六十八、九歲，年近古稀，在南朝文學家中，不能不說是高齡啊〔七三〕！

此說既修正了他早期在〈梁書劉勰傳箋注〉的看法，同時也可以看出他如何運用後出的新資料，與原本《梁書》、《南史》中〈劉勰傳〉，和其他相關作品，達到他精理密察，無徵不信的目的。

2. 《文心雕龍・隱秀》篇質疑

《文心雕龍・隱秀》篇質疑：

《文心雕龍・隱秀篇》四百多字補文，自從被清代紀昀抉發，判為明人偽撰後，幾乎已衆所公認，舉無異說。不意，南開大學中文系教授詹瑛先生提出不同看法，撰〈文心雕龍隱秀篇補文的眞偽問題〉，發表於《文學評論叢刊》第二輯，先生以為：

夷考其實，難於信服〔七三〕。

遂撰〈文心雕龍隱秀篇補文質疑〉，於一九八四年發表於《文學評論叢刊》第七輯。先生經過多方考索，反覆分析，於徹底了解〈隱秀〉篇補文的來龍去脈之後，再就清朝紀昀於芸香堂本卷首〈例言〉，及〈隱秀〉篇末上欄黃叔琳識語後，和《四庫全書總目提要》卷

一九五，所發〈隱秀〉篇補文之覆的話，證明紀說有理有據，想要基本上予以推翻，至為不易。所以先生以為判斷古書的眞僞，不能迷信版本和專家、權威。他說：

根據版本以判定書的眞僞，的確是鑒定古籍所使用的一種方法，但也不是唯一的絕對可靠的方法〔壬四〕。

又說：

迷信版本，固然容易出問題，迷信專家、權威，同樣也容易出問題。如果認為凡是經過專家、權威收藏或題跋過的書，都百分之百的可信無疑，那不免是要受騙的〔壬五〕。

於是先生從五個方面，證明〈隱秀〉篇補文之為僞。這五方面是：

甲、從理論上看：《文心雕龍》中的許多論點，都是互有關聯，相輔相成，前後一致的。而補文中的「嘔心吐膽」「煅歲煉年」二語，姑無論其出自何書，但它的涵義，的確與其他篇裡的論點不協調，甚至矛盾。

乙、從例證上看：「選文以定篇」（〈序志〉篇語），雖是專就《文心雕龍》上篇絕大部分篇章說的，但下篇也多所使用。……而補文中的「常恐秋節至，涼飆奪炎熱。」志高而言壯，此丈夫之意凄而婉，此匹婦之無聊也。「臨河濯長纓，念子悵悠悠。」志高而言壯，此丈夫之不遂也。這四句詩，前兩句在相傳為班婕妤的〈怨歌行〉裡，後兩句相傳為李陵的〈答

蘇武詩〉裡。舉這樣的例證，豈不是與〈明詩〉篇的論斷相矛盾？不稱班婕妤，而稱

「四婦」，前後也不一致。……這不僅說明了劉勰「選文以定篇」，對贗品的嚴肅態

度，同時也戳穿〈隱秀〉篇補文為贗的有力旁證。

丙、從體例上看：補文〈隱秀〉篇補文之段內，只論詩而不論文，……與全書的體例不符。

丁、從稱謂上看：劉勰對歷代作家的稱謂，是自有其例的。除於列朝君主稱諡號或廟

號（曹操稱魏武外，也稱曹公），曹植稱思王或陳思，屈原稱三閭，司馬談稱太史，

班姬稱婕妤外，其他的作家都只稱名或字，絕無稱其官的。補文稱陶淵明為彭澤，顯

然與例不符。

戊、從風格用字上看：補文的風格同全書，的確有些兩樣。祇要細心的多讀幾遍，就

會感覺得到的。它不僅如黃侃所說的：「出辭膚淺，無所甄明」；「用字庸雜，舉例

闊疏」。在所補的七十八句中，除句首與句末共用了五個語詞和「彼波起辭間，是謂

之秀」兩句外，其餘全是追求形式的儷句，無一單筆。這在全書中，絕對找不到類似

的第二篇〔一七〕。

最後先生斷言「〈隱秀〉篇補文之為偽撰，已昭然若揭了。」其他還就詹文所提出的「几」

「盈」「綠」「煒」「恒」五字和其他各篇的筆畫不同的說法，先生根據明人好作偽書，也

愛鈔刻僞書的認知，從缺筆、異體各方面搜證說明，因和正文關係不大，不再節錄。即此也足見先生不墨守一家，不迷信版本，不盲從權威，不參加成見；在他勤讀書、勤動手、勤用思的努力下，日積月累，所獲致的豐碩成果。

六、結論

讀完楊明照先生在「龍學」方面的作品，並經過全面分析後，很自然的進一步要問在近百年來的中國學術界，以他的天縱才華，家學淵源和良師益友的薰染，確實有很多不同的空間，任其發展；而先生卻獨熱中於魏晉南北朝——這將近四百年的思想和文學。在這四百年中，又以南朝劉勰及其《文心雕龍》為核心，上考葛洪的《抱朴子》，下推劉晝的《劉子》，旁及《昭明文選》李善注、《漢書》顏注、司馬遷《史記》、《呂氏春秋》、《莊子》等。雖然各有展布，但如加以系聯，很明顯的可以看出，劉勰《文心雕龍》實為樞紐全局的轉捩點。

一個學者能在單一的學術領域裡，披荊棘、斬草萊、承先啓後、繼往開來，獲得豐碩的果實，並受到海內外學術界的重視者，必有促進其成功的原動力。先生埋首「龍學」半個多世紀，其《文心雕龍校注》及《校注拾遺》二書，早已蜚聲國際，震撼文壇，為《文心雕龍》的研究別創高峰，其所以如此，亦斷非偶然，所以在本文結論中，我特別就其歷久彌光的原

因加以紬繹，提供海內外愛好「龍學」的同道們參考。

學而不已的精神：先生自題其書齋曰「學不已」，自命其著作曰《學不已齋雜著》。「學不已」者，即《荀子‧勸學》篇的「學不可以已。」也就是劉勰說的「生也有涯，無涯惟智。」「學不已」，憑物實難，憑性良易」之意。我以為在其平生治學過程中，至少有兩件事，可以充分體現先生憑其「駑馬十駕，鍥而不舍。」的「學不已」精神。

首先是一九五八年下半年，先生四十九歲，擔任四川大學中文系教授。根據曹順慶整理的《楊明照教授傳略》〔七〕的記載，當年先生患了嚴重的風濕性關節炎，行動極為不便；甚而到了臥床不起的地步。為了教學研究，他讓老伴在病情發作時，把磚頭燒熱，用以烤熨患部，儘管大汗淋漓，燙熱難忍，但他仍然咬緊牙關，繼續堅持。當病情轉劇時，他把枕頭墊高，讓孩子把自己需要的資料找來，對照著已經出版的《文心雕龍校注》，又開始了重新「補注」的工作。用這種傳統的民間療法，終於治好關節炎，重新走上教學講台。像他這種堅此百忍，力行不怠的拼搏精神，正是「學而不已」的寫照。

這種德操又見於「十年內亂」之時。當時先生已年過知命，學術聲望日隆，不幸被扣上「反動學術權威」的帽子，受盡凌辱和摧殘。被分派的工作是「掃馬路，沖廁所」，動輒得咎。在那個「造反有理」，是非混淆的日子裡，先生始終固守自己的信念與理念。每天在做

完造反派分配的「工作」回來後，就把房門緊閉，將過去搜集的資料和各種版本、翻檢出來，攤在大床上，繼續進行《文心雕龍校注》的訂補工作。為了防備意外的搜查，他先備妥了一張草蓆，聽到不速之客敲門，便立刻把鋪在床上的「違禁資料」蓋上，然後徐步而出加以應付。

類似情形，又發生在「十年內亂」時的一個嚴多的早晨。先生一家被掃地出門後，住進一間狹窄、潮溼而僅可容身的小房間，環境、光線與生活條件的惡劣，已到了人不堪其憂的地步，而先生卻沒有停止研究工作，經常帶著一本平裝的《文心雕龍》到屋後生產大隊的菜地邊去研讀。後來搬進城裡一位親戚家，生活環境和工作條件才稍有改善。他每天上午重溫六朝史籍和瀏覽唐宋類書，下午則逐篇增訂《文心雕龍校注拾遺》及分類補充〈附錄〉。由於志趣所鍾，雖寒冬酷暑，從不間斷。因而多年收集的《文心雕龍》資料，至此得以分別部居，膽寫清本，完成一部近六十萬字的《文心雕龍校注拾遺》。

這部煌煌巨著，是他歷盡身體病痛和「十年浩劫」中的辛勤成果，回想在他整個寫作過程的背後，卻突顯了先生那種困知勉行的大知大勇。所以先生以「學不已」自名其齋、其書，正是其「龍學」研究有成的憑證。

知難而進的毅力：《荀子·解蔽》篇說：「凡人之患，蔽於一曲而闇於大理。」又說：

「天下無二道，聖人無兩心。」一個人想在學術上有些成就，往往由於環境、經濟、政治、工作或生活上的種種因素不能配合，或被誤導，或被扭曲，到最後事與願違，給人生留下難以彌補的遺憾！前人說過：「退山中之賊易，去心中之賊難」。所以，除了排除為一曲所蔽之外，就只有專心一致，抱定知難而進的毅力，才能衝破面對的橫逆，達到理想的彼岸。

先生於一九八三年三月在高等院校古籍整理研究規劃會上，以〈我是怎樣學習和研究文心雕龍的〉為題，發表講演時說：

在一九三一年的春天，那時是重慶大學文預科二年級學生，以後斷斷續續地雖然耗去了不少的時間和精力（大學和研究院的畢業論文，都是在研討《文心雕龍》），但由於天資不高，見聞有限，只能識其小者。

從一九三一年開始接觸《文心雕龍》起，迄一九八二年《文心雕龍校注拾遺》交由上海古籍出版社發行止，綜計先生涵泳《文心雕龍》的時間，長達半個世紀以上。在其實際研究過程中，雖然有良師的誘導，但非一帆風順，遭遇很多意料不及的困難。先生在講演時，曾用回憶的口吻說：

我最初研究《文心雕龍》的時候，版本、目錄、校勘，什麼都不懂，完全是門外漢。只是由於個性強、膽子大，新生之犢不畏虎，沒有向困難低頭，知難而進。邊學邊幹，

邊幹邊學，逐漸由不懂而懂得一些，由不熟而熟習一些。「真積力久則入」，研究的

對象，不斷有所發展；先由《文心雕龍》而《劉子新論》，再由《劉子新論》而《抱

朴子內篇》和《昭明文選》李善注。隨著研究範圍的擴大，學識也相應有些提高。可

是，我過去搞科研是單幹戶，現在仍然是單幹戶，獨自作業。零敲碎打，尚能持之以

恆，鍥而不舍。

《文心雕龍》是一部體大慮周、籠罩群言的文論寶典，從事校注，則版本、目錄、校勘皆為

專門而必備的研究工具，此即漢學家所謂的「考據之學」。先生自認為在當時是門外漢，對

此所知不多，僅憑著強烈求知的個性和膽識，不向困難低頭，甚而愈挫愈勇；本著「人能

之己百之，人十能之己千之」的精神，最後這位跑單幫的個體戶學者，積五十年的科研經驗，

完成了這部《文心雕龍校注拾遺》。如果追索他以往研究的過程，相信心無旁騖，知難而進

的毅力，確實是他成此「龍學」偉業的重要因素。

腳踏實地的工夫：一個人想完成一點自己想做的事，總得下點專業工夫，和腳踏實地的

去踐履篤行。譬如學戲的，一定先要接受唱腔、道白、身段、眼神、舉手、投足的嚴格訓練，

且一絲不苟，然後登台表演，才能中規中矩，自然成采。學畫的，要先練習寫生，畫靜物；

茶杯、花瓶，畫動物：飛禽、走獸，再進一步速寫，這樣勤練苦修，一旦臨紙揮毫，才能成

竹在胸，唯妙唯肖，有巧奪天工的效果。

劉勰《文心雕龍》，陶冶萬彙，組織千秋，體大慮周，籠罩群言，加之文筆高華，心匠獨運，且常以具體之事物，比喻空靈之神思。尤其徵事用典，詞多隱奧，後人讀來，常有了解不易之苦。清代黃叔琳造《輯注》曾云：「若其使事遣言，紛綸葳蕤，罕能初究。」近人范文瀾注《文心》也說：「劉氏之書、體大思精，取材浩博，絕非淺陋如予所能窺測。」先生對《文心雕龍》的奧衍難讀，也有同樣地看法。他說：

《文心》彌綸群言，通曉匪易；傳世既久，脫誤亦多〔六〕。

再加上中國文字一字多音，多音多義，更給從事教學研究的人，帶來很多意想不到的困難。所以想在《文心雕龍》研究上有突破性的成就，必須下腳踏實地的工夫，在人不經意或少經意處入手，久而久之，自能登堂入室，進窺其宮室之美，百官之富。先生曾自言其學習《文心雕龍》的過程時說：

全書五十篇，無論長的、短的，喜歡的、不喜歡的，都要讀熟，熟得倒背如流最好。這樣，才能融會貫通，對上下篇的理解，也才有較為全面、較有系統的可能。同時，對以後收集注釋，校勘、考證諸方面的資料，也才有幫助。……另外，學習它的寫作技巧和分析方法，也很有益處〔尤〕。

他以考察劉勰參加上定林寺「備鈔眾經」，撰寫〈鍾山定林上寺碑銘〉，以及〈滅惑論〉，

與《文心雕龍》和劉勰直接間接有關的典籍，是相當多的〔八三〕。

讀《文心雕龍校注拾遺》，知先生對文字闕佚的考察、脫誤的正，往往借助於類書。僅此，仍未能滿足校注之要求，其第四步工夫是涉獵有關典籍。先生說：

值大，這是學術界公認的，但明代的類書，也不容忽視〔八二〕。

校注古籍，繙檢一些類書，是不可或缺的手段。……唐宋類書編纂的時間早，使用價

正因為版本在校對上有著重要地位，所以他在《文心雕龍校注拾遺》裡，自言已見的《文心雕龍》版本，包括寫本、單刻本、叢書本、選本、校本共七十二種。未見的寫本、刻本、校本和注本共四十六種。綜計其已見和未見者，高達一百一十八種之多，並對各版本的庋藏、鈔寫、翻刻、版式等均詳加說明。繼校對不同版本後的第三步工夫，是繙檢各種類書。他說：

以思考〔八○〕。

校對的版本越多越好，見得多，才有所比較，容易發現問題；也才容易引起注意，加

成誦之後，下一步工夫，是校對不同版本。他說：

的意思。這對以後的注釋、校勘、考證和寫作技巧、分析方法，都大有幫助。其次，繼熟讀

其言學習《文心雕龍》的基本工夫，首在熟讀成誦。亦即古人所謂「書讀百遍，其義自見」

列舉相關典籍為例，印證從事劉勰《文心雕龍》校注，必須涉獵有關典籍。最後，先生以為有了這些基本工夫還不夠，還應該腳踏實地的去踐履篤行。所以他又提出「勤於動筆，隨手抄錄」八字眞言，作為入手法門。他說：

平時不管閱讀哪一部書，哪一種書，凡是認為與自己科研有關的資料，都應隨手全部鈔錄備用，萬萬不能馬虎、躲懶。……鈔錄時尤其要注意的是：現存的書，必須注明篇名或卷數以及版本；亡佚的書，則應注明出處。第二、第三手資料，鈔錄畢最好能核對原書。這樣，既對讀者負責，也對自己負責，才是實事求是的治學態度。否則，一盲引眾盲，展轉滋誤〔八三〕。

先生於劉勰《文心雕龍》之研究，是先將全書五十篇熟讀成誦，再校對不同版本，繙檢各種類書，涉獵相關典籍，且須勤於動筆，隨手鈔錄；然後利用這些已得的紮實工夫，從事校注事業。以後無論在注釋、校勘、考證各方面，自能兼採眾長，淹貫百家，持之有故，言之成理。所以《文心雕龍校注拾遺》有識見高標，迥異乎眾人者，腳踏實地的工夫，為其成功的重要條件。

切實可行的方法：做學術研究者之於方法，正像渡河之於橋樑，若渡河無橋，則難以飛越．；治學無法，盲人瞎馬，難期有成。孔子所謂的「言以足志，文以足言」，孟子所謂的「以

意逆志」，「知人論世」，墨子所謂的「有本」「有原」「有用」的「三表法」，甚而如曹丕的「文氣說」，陸機的「緣情說」，無一不是想利用以簡馭繁的方法，達成預期的目的。

所以學術研究的成敗得失，和研究方法是否切實可行，有密不可分的關係。

先生校注《文心雕龍》，雖不自言得力於何法，但從本文前面講過的資料中加以提煉，其法可述者有二：一是文獻學證據法，二是二重證據法。

「文獻學證據法」，即運用目錄、版本、校勘、訓詁、聲韻、辨偽，考據；並配合小心觀察，合理懷疑，大膽假設，周詳搜證，作出推斷。此法清代樸學大師如休寧戴東原、金壇段玉裁、高郵王念孫、王引之，久已行之有效。先生取精用宏，作為校注《文心雕龍》的法門而多有發明。如校注《文心雕龍》卷六〈定勢〉篇「是楚人鬻矛譽楯，兩難得而俱售也」句，黃叔琳、范文瀾二家均闕而不校，先生按云：

此文失倫次，當作「是楚人鬻矛譽楯，譽兩，難得而俱售也」。始能與上文「似夏人爭弓矢，執一，不可以獨射也」相儷。舍人是語，本《韓非子・難一》篇。若作「鬻矛譽楯」，既與韓子「兩譽矛楯」之説舛馳，復與本篇上文「雅鄭共篇，總一勢離」之意不侔。當校正〔一四〕。

先生先以小心觀察，發現原文措詞失去倫次，於是援上下文例，加以「直證」，若將「譽楯」

互易，「兩」「譽」二字屬上讀爲句，則不僅句法無誤，且前後相儷。接著再引韓子「兩譽矛楯」之說相舛馳作「旁證」，推論與本篇「雅鄭共篇，總一勢離」之意不侔。最後斷定「當校正」。又如校注《文心雕龍》卷六〈通變〉篇「魏之策制，顧慕漢風」句。黃叔琳校云：

「策，元作『薦』，許無念改。一本作『篇』。」先生按云：

萬曆梅本作「策」，有校語云：「元作『薦』，許無念改。」凌本、秘書本同。天啓本作「篇」，亦有校語云：「元作『薦』，許無念改。」作「策」蓋梅氏萬曆刻本之誤，此當以作「篇」爲是、爲「篇」，非改作「策」也。作「策」係梅氏萬曆本之誤。有了這個發現後，遂推斷此處作「篇」爲是。

〈明詩〉篇：「江左篇製，溺乎玄風」，以爲語式相同爲證，坐實本文作「篇」無誤。

〈樂府〉篇「河間薦雅而罕御」，唐寫本又誤「薦」爲「篇」〔六五〕。語式與此同，可證。其作「薦」者，乃「篇」之形誤。〈樂府〉篇「河間薦雅而罕御」，唐寫本又誤「薦」爲「篇」。張松孫本同。是許乃改「薦」

校勘此條，先生充分運用各種版本的差異，經過精心比對，發現許無念改「薦」爲「篇」，非改作「策」；作「策」係梅氏萬曆本之誤。有了這個發現後，遂推斷此處作「篇」爲是。

然後再引〈明詩〉篇「江左篇製，溺乎玄風」，以爲語式相同爲證，坐實本文作「篇」無誤。

接著再引〈明詩〉篇「江左篇製，溺乎玄風」，以爲語式相同爲證，坐實本文作「篇」無誤。

然後掉筆回溯「薦」「篇」因形近之故，很易致誤，於是又取〈樂府〉篇「河間薦雅而罕御」的「薦」字，唐寫本即誤爲「篇」爲例，文行至此，無論正面反面，直證佐證，條件均極充分，已勿庸質疑。

從上列兩例，證明先生確實承繼了乾嘉諸老的「文獻學證據法」，充分掌握了目錄、版本、校勘、訓詁、考據之法，再加上他的膽大心細，推斷得體，所以往往能在別人不經意處，批郤導窾，而發前人之所未發。

至於「二重證據法」，即近人王國維在一九二五年於《古史新證·總論》中提出的史學研究法。此法是以「地下之新材料」與「紙上之材料」互證。所謂「地下之新材料」者，《文心雕龍》雖無甲骨、鐘鼎、簡牘、石刻方面的資料，但敦煌寫本《文心雕龍》殘卷，卻為距今爲時千年的無價之寶，其內容上起卷一〈原道〉篇贊「龜書呈貌，天文斯觀，民胥以傚。」下訖卷三〈諧讔〉篇第十五篇題。此一寫本自發現後，將之與現行俗本《文心雕龍》相勘校者，計有日本鈴木虎雄，國人趙萬里、饒宗頤、潘重規等。先生也利用唐寫本校勘《文心》，並獲致豐碩成果，茲以《文心雕龍校注拾遺》爲例。綜計自〈原道〉至〈諧讔〉十五篇四百七十八條校注中，與唐寫本互校的得二百五十五條。其在學術研究上的價值，是可以肯定的。以下援例說明先生運用「二重證據法」的情形。如校注《文心雕龍》卷二〈樂府〉篇「音聲推移」的「音」字，在引唐寫本作「心」後，按云：

唐寫本是。「心聲」二字出揚子《法言·問神》篇，此指歌辭。〈書記〉、〈夸飾〉、〈附會〉三篇，並有「心聲」之文。高誘《淮南子·修務》篇注：「推移，猶轉易也。

先生考得「心聲」一詞的造語所本，出自揚子《法言・問神》篇後，再舉〈書記〉、〈夸飾〉、〈附會〉三篇並有「心聲」的文例，證得「心聲」乃劉勰習慣用語。故肯定唐寫本是。

這種情形又見於〈頌贊〉篇，校「鏤彩摛文，聲理有爛」句，唐寫本於此作「鏤影摛聲，文理有爛」。按云：

【六】

唐寫本是也。元本、弘治本、活字本、佘本、張本、兩京本、何本、胡本、梅本、凌本、合刻本、梁本、祕書本、彙編本、清謹軒本、岡本、尚古堂本、文津本、王本、張松孫本、鄭藏鈔本、崇文本，「彩」並作「影」，與唐寫本合；惟「聲文」二字誤倒。佘本作「文理」。「影」「聲」相對成義，「文理」連文亦本書所恆見。

舍人〈剡山石城寺石像碑〉有「朱桂鏤影」語【七】。

此條用唐寫本與俗本對校，先生引各本證得「彩」並作「影」，與唐寫本合；惟「聲文」二字誤倒。因為「鏤影」「摛聲」相對成義，而「文理」連文，又為本書所恆見。唐寫本之為是，至此已不辯自明。

先生以敦煌寫本《文心雕龍》殘卷和俗本相校，效果極為理想，真有「採掇片言，莫非寶也」的感覺。遺憾的是此一殘卷只有《文心雕龍》全書五十篇的五分之一，假使地不藏寶，

完璧重現的話，定可將《文心雕龍》的研究，推向新的高峰。

由此觀之，先生所以能辨別舊注，獨出新意；使《文心雕龍》中的鉤棘難通者，得以宿疑冰釋，相信其切實可行的方法，當為重要助力。

楊明照先生以他學而不已的精神、知難而進的毅力、腳踏實地的工夫、切實可行的方法，有膽識、有遠謀、專心一志、鍥而不舍的為「龍學」奉獻終身。這種堅忍不拔，成己成物的胸襟，不僅治學，且可修身；不僅稽古，更可諷世。正所謂「君子尊德性而道問學，致廣大而盡精微，極高明而道中庸；溫故而知新，敦厚以崇禮」的具體表現。

一九八二年上海古籍出版社發行了他的《文心雕龍校注拾遺》後，立即引起海內外學者的關注，首先是一九八三年六月六日香港《大公報》發表專文介紹，認為該書是「楊明照先生繼《文心雕龍校注》之後，積四十餘年功夫而成的碩果，解決了某些千古疑難，且有很高的學術價值。」其次是牟世金於一九八四年第四期出版的《社會科學戰線》發表〈文心雕龍的學術價值。」其次是牟世金於一九八四年第四期出版的《社會科學戰線》發表〈文心雕龍范注補正〉，稱許該書是「譽滿中外的洋洋巨著。」同年李慶甲於《復旦學報》五期〈建國以來文心雕龍研究概述〉一文裡，尊該書為「研究文心雕龍的小百科全書。」王運熙在一九九〇年六月出版的《文心同雕集》中著文推崇，許其為「體大思精，堪稱『龍學』史上里程碑式巨著。」筆者更早在一九七七年，於台灣華正書局出版《文心雕龍導讀》時，就曾經對

先生先前印行的《文心雕龍校注》極力揄揚，推為「在《文心雕龍》研究上，為後人樹立了一個新的斷代。」可謂眾口交譽，聲聞當代。

成功不是偶然，必須付出代價。先生竭盡半個世紀以上的精力，完成了這部凌越前賢的「龍學」鉅著。他的那種學而不已，知難而進的精神和毅力，腳踏實地，切實可行的工夫與方法，正是他補先賢之闕失，解千古疑難，發前人所未發，開一代學風；為「龍學」寫下歷史豐碑的有力憑證。劉勰說：「文章歲久而彌光」，相信先生的名山事業，定如長江大河，霑漑無窮。而人之於事，多見表面，而忽略過程，故在本文結論中，特別就先生平生學養根柢所在，闡幽發微，以告世之好《文心雕龍》之學者。

七、楊明照先生《文心雕龍》著作年表

先生於一九三二年在重慶大學讀書時，即對《文心雕龍》產生了研究狂熱。揣摩既久，覺黃叔琳《輯注》、李詳《補注》，實有補正的必要。後得范文瀾《文心雕龍注》，歡其取精用弘，難以度越；但已操觚補綴，多所用心，不願中道而廢；於是棄同存異，另寫清本。遂於一九三六年夏，作為大學畢業論文。是年秋，入燕京大學研究院，從郭紹虞先生學；仍賡續進行這方面的研究，並多方參稽，所得較過去稍多。一九三七年發表〈范文瀾文心雕龍注舉正〉後，年有新作。根據一九八二年上海古籍出版社印行的《學不已齋雜著》，一九九〇年六月，由四川成都出版社發行「為慶賀楊明照教授八十壽辰」出版的《文心同雕集》，書末附載的〈楊明照教授著作年表〉，再加上筆者平日就報章雜誌搜輯所得，如「中國《文心雕龍》學會」編印的《文心雕龍學刊》、《文心雕龍研究》，日本九州大學中國文學會主編的《文心雕龍國際學術研討會論文集》，涂光社主編，齊魯書社出版的台灣文史哲出版社印行的《文心雕龍研究論文集》上下冊，以及「中國《文心雕龍》學會選編的《文心雕龍研究論

文集》等加以統計，得先生研究《文心雕龍》方面的論著近三十種。類聚群分，其中有校勘、有序跋、有箋注、有文論、有版本、有專門著作，今分年別錄，為〈楊明照先生文心雕龍著作年表〉。

一九三七年　〈范文瀾文心雕龍注舉正〉（見一九三七年《文學年報》第三期）

一九三八年　〈書鈴木虎雄黃叔琳本文心雕龍校勘記後〉（見一九三八年《燕京學報》第二十四期）

一九五八年　《文心雕龍校注》（見中華書局印行，台灣於一九六二年台北世界書局印行，列為「文學名著」第五集）

一九四一年　〈梁書劉勰傳箋注〉（見一九七九年《中華文史論叢》第一輯）

一九六二年　〈從文心雕龍「原道」「序志」兩篇看劉勰的思想〉（原文載《文學遺產增刊》第十一期）

〈劉勰論構思〉（見一九六二年《四川文學》二月號）

〈劉勰論煉意煉辭〉（見一九六二年《四川文學》十月號）

〈讀梁書劉勰傳札記〉（見一九六二年《成都晚報‧學術討論》第一期）

一九七八年　〈文心雕龍研究中值得商榷的幾個問題〉（見一九七八年《文史》第五輯）

一九七九年 〈劉勰卒年初探〉（見一九七八年《四川大學學報·社科版》第四期）

〈涵芬樓影印文心雕龍非嘉靖本〉（見一九七九年《中華文史論叢》第二輯）

〈劉勰滅惑論撰年考〉（見一九七九年《古代文學理論研究叢刊》第一輯）

一九八〇年 〈文心雕龍隱秀篇補文質疑〉（見一九八〇年《文學評論叢刊》第七輯）

〈文心雕龍校注拾遺補〉（見一九九〇年六月《文心同雕集》所附〈楊明照教授著作年表〉）

一九八二年 〈文心雕龍校注拾遺〉（上海古籍出版社發行）一九八五年五月台灣崧高書社翻印，發行海外版。

一九八一年 〈文心雕龍時序篇「皇齊」解〉（見一九八一年《文學遺產》第四期）

一九八三年 〈文心雕龍校注拾遺前言〉（見一九八〇年《四川大學學報·社科版》第二期）

一九八四年 〈我是怎樣學習和研究文心雕龍的〉（見一九八三年《四川大學學報》。此文是先生於當年三月在首都總招待所，向高等院校古籍整理研究規劃會上的發言）

〈重新校注文心雕龍的初步設想〉（見一九九〇年六月《文心同雕集》所附〈楊明照教授著作年表〉）

一九八五年 〈從文心雕龍看中國古代文論史、論、評結合的民族特色〉（見《古代文學理

論研究》第十輯。本文係先生在廣州古代文論年會上的發言，經曹順慶整理而成）

一九八六年　〈運用比較方法研究中國文論〉（見一九八六年《社會科學戰線》第一期）

一九八八年　〈文心雕龍有重注的必要〉（見一九八八年「文心雕龍國際研討會論文集」《文心雕龍研究薈萃》）

一九八九年　〈文心雕龍原道篇「文之為德也大矣」試解〉（見一九六二年《文學遺產增刊》第十一輯。此處排序，係依照《文心同雕集》）

一九九一年　〈文心雕龍研究序〉（見一九九二年台灣文史哲出版社印行的《文心雕龍國際學術研討會論文集》）

一九九五年　〈文心雕龍校注拾遺補正〉（見一九九六年《文心雕龍研究》第二輯）

一九九七年　〈文心雕龍版本經眼錄〉（根據先生文末附注：「本文完成於一九九七年五月四川大學寓樓學不已齋，時年八十有八」云）

八、附錄：楊明照和他的《抱朴子外篇校箋》

中華書局最近先後出版了四川大學中文系教授楊明照先生的《抱朴子外篇校箋》上下冊，全書除正文五十卷的《校箋》外，上冊扉頁有〈前言〉，下冊書末列〈附錄〉，一千四百四十五頁，皇皇巨獻，眞可謂千秋大業，萬世宏功。

往年我讀先生《文心雕龍校注拾遺》，其資料的豐贍、揀擇的精準、審辨的眼光；不僅爲《文心雕龍》的研究，奠定了堅實的根基；同時在我以後問津「龍學」的過程中，更受到極大的助益。現在何其幸運，又得拜讀他這部新近問世的《抱朴子外篇校箋》，除了對這位勉力不怠，皓首點勘的學者，致上無限的感佩外；並就個人玩索所得，以野人獻曝的心情，向中外學術界的同道們鄭重推介。

先生著《抱朴子外篇校箋》上下冊，一九九八年六月，筆者在《國文天地》十四卷一期，曾專文介紹，以饗台灣學界。茲附於本書之末，相信好楊先生之學者，亦樂聞也。（更生又記）

葛洪在兩晉（西元二六六年～四二二年）士林中是寥寥少雙的學者。他的著述極多，但大部分均已亡佚；幸傳於今的《抱朴子內外篇》，便成為研究葛洪的重要資料了。而《抱朴子內外篇》，本來各起次第，分別單行。〈內篇〉言神仙方術，鬼怪變化，養生延年，禳邪祛禍之事，近道家；〈外篇〉言人間得失，世事臧否，屬儒家。由於兩書性質不同，所以隋、唐史志，幾乎都分別著錄；直到南宋尤袤編《遂初堂書目》，始將其合為一書。

先生以為《抱朴子外篇》是東晉初年（西元三一七年前後）寫定的一部傑出子論，對社會和文學提供了不少眞知灼見，在我國文化寶庫裡是一分珍貴遺產；但一千六百多年來，一直乏人注釋，致令讀者有望書興歎之苦。於是早年即立下探頤索隱，疏通證明的決心。

先生校箋此書，是一個既艱辛而又漫長的歷程。其中經過，根據他自己的說法：大約開始於民國三〇年，在北平燕京大學國文系擔任助教時，因為當時他年紀輕、幹勁大、體力好、記憶強，逐篇逐條，都用毛筆楷書，然後把初稿依目分裝十冊，舉凡書中的疑辭難句，典故出處，皆親自臨校；從不倩人代庖；在以後的四十多年裡，先生和葛洪的《抱朴子外篇》可以說寢饋與共，投下了他一生的智慧和心力。正因為如此，才使久墜的絕學，得以呈現它的奇情異采。

過去顏之推在《家訓‧文章》篇裡說：「校書談何容易，觀天下書未遍，不得妄下雌

黃；」段玉裁〈與諸同志書〉也說：「校書之難，在定底本及立說之是非」。由於《抱朴子外篇》使用了大量的韻語和典故，文字的訛誤衍奪，更所在多有。因為先生對校注古籍，有嗜痂之癖，為了達成參互考校，匡謬補闕的目的，他首先囊括前人現存於今的所有善本、校本和關係書。他以《平津館叢書》《抱朴子外篇》原刻本為底本，再參校明正統《道藏》本、魯藩承訓書院本、吉藩崇德書院本、舊寫本、慎懋官本、盧舜治本、清柏筠堂本、《四庫全書》文溯閣本、王謨《漢魏叢書》本和崇文書局本等十一種；過錄的名人批校，有明代徐濟忠、清朝顧廣圻、陳澧、近人王國維和陳漢章等五家；至於前輩、近人著作中的相關論述，如陳其榮的《抱朴子外篇校勘記》、孫詒讓《札迻》、俞樾的《讀抱朴子》和孫人和的《抱朴子校補》等，均兼收並蓄，親自抄錄，並用來校文字、定衍奪、通句讀、補闕遺、選取客觀資料，作忠實的判斷，使原本鉤棘難通的《抱朴子外篇》，得此晦而復明，怡然理順。

在此應當特別提出的，是先生於《校箋》下冊附錄的各種資料，計「傳記」部分，自《晉書・葛洪傳》以下有七種；「著錄」部分，自《隋書・經籍志》以下，包括公私收藏，日本見在書目，正統道藏等三十四種；「佚文」部分，更廣搜博考，自馬總《意林》以下各種類書中，輯得數十百條；「序跋」部分，自明朱務本〈刻包朴子序〉，至近人王重民《中國善本書提要》，共得二十種；「雜纂」部分，凡前人所述，後人評論，和《抱朴子外篇》有關

者，共得四十八條：「葛洪家世」部分，自其十世祖曩祖，以迄從孫葛巢甫，無論直系、旁系、姻親，其彼此關係，皆交代得元元本本，綱舉目張；「葛洪生卒年」部分，更是上考下求，按年鋪序，確定葛洪在世活動的時間，以六十一歲最爲可信。以如此龐大的珍貴資源，等於替葛洪和他的《抱朴子外篇》做了一部完整的紀錄。此外，先生講到自己校箋時，還語重心長的說：

學海無涯，聞見有限，決不能自滿，……校注古籍並非易事，誰都有得有失，豈能「笑古人之未工，忘己事之己拙」，而敝帚自珍，故步自封！

又說：

我雖垂垂老矣，但眠食無恙，神志尚清，願以炳燭之明，繼續爲繁榮學術，聊獻綿薄。老期將至的高齡，還如此謙沖自牧，熱愛學術，這種老而彌堅、志高行潔的風範，永遠是青年們的楷模，科研界的先鋒。

總之，《抱朴子外篇》五十卷，像一顆光芒四射的寶石，而沈埋於荒煙蔓草間：幸經先生慧眼特識，傾畢生之力，披荊棘，斬荒穢，發幽闡微，鉤深致遠，成《抱朴子外篇校箋》上下冊，此不僅大有功於葛稚川，相信千百年後，有欲窺《抱朴子》者，亦必以此爲肯綮矣。

附注：

〔一〕引文見中華書局印行的《文心雕龍校注》書末，先生於一九五七年十二月於成都四川大學寫的〈後記〉。

〔二〕引文見一九九〇年為慶賀先生八十壽辰經成都出版社，印行的《文心同雕集》首頁，楊明照著〈文心雕龍有重注必要〉一文。

〔三〕引文出處同注〔一〕。

〔四〕見中華書局印行的《文心雕龍校注》第四頁。

〔五〕見台灣嵩高書社於民國七十四年五月出版的《文心雕龍校注拾遺》第一、二頁。

〔六〕見中華書局印行的《文心雕龍校注》第一二頁。

〔七〕見台灣嵩高書社於民國七十四年五月出版的《文心雕龍校注拾遺》第一五頁。

〔八〕引文見台灣嵩高書社於民國七十四年五月出版的《文心雕龍校注拾遺》第四一五頁。

〔九〕引文見台灣嵩高書社於民國七十四年五月出版的《文心雕龍校注拾遺》第四七一頁。

〔一〇〕引文見台灣嵩高書社於民國七十四年五月出版的《文心雕龍校注拾遺》第五四一頁。

〔一一〕引文見台灣嵩高書社於民國七十四年五月出版的《文心雕龍校注拾遺》第六六三頁。

〔一二〕引文見台灣嵩高書社於民國七十四年五月出版的《文心雕龍校注拾遺》第七二四頁。

〔一三〕引文見台灣嵩高書社於民國七十四年五月出版的《文心雕龍校注拾遺》第七二四頁。

〔一四〕引文見台灣嵩高書社於民國七十四年五月出版的《文心雕龍校注拾遺》第七三一頁。

〔一五〕引文見台灣嵩高書社於民國七十四年五月出版的《文心雕龍校注拾遺》第七五九頁。

〔六〕引文見台灣嵩高書社於民國七十四年五月出版的《文心雕龍校注拾遺》第七五九頁。

〔七〕引文見台灣嵩高書社於民國七十四年五月出版的《文心雕龍校注拾遺》第七六三頁。

〔八〕引文同注〔七〕。

〔九〕引文見台灣嵩高書社於民國七十四年五月出版的《文心雕龍校注拾遺》第七六三頁。

〔一〇〕引文見台灣嵩高書社於民國七十四年五月出版的《文心雕龍校注拾遺》〈辨騷〉篇第三九頁。

〔一一〕引文見台灣嵩高書社於民國七十四年五月出版的《文心雕龍校注拾遺》〈附會〉篇第三三三頁。

〔一二〕引文見台灣嵩高書社於民國七十四年五月出版的《文心雕龍校注拾遺》第三三三頁。

〔一三〕引文見台灣嵩高書社於民國七十四年五月出版的《文心雕龍校注拾遺》第三〇七頁。

〔一四〕引文見台灣嵩高書社於民國七十四年五月出版的《文心雕龍校注拾遺》第二七二頁。

〔一五〕引文見台灣嵩高書社於民國七十四年五月出版的《文心雕龍校注拾遺》第三四五頁。

〔一六〕引文見台灣嵩高書社於民國七十四年五月出版的《文心雕龍校注拾遺》第二六二頁。

〔一七〕引文見台灣嵩高書社於民國七十四年五月出版的《文心雕龍校注拾遺》第三一六頁。

〔一八〕引文見上海古籍出版社印行的《學不已齋雜著》第五六〇頁。

〔一九〕引文見台灣嵩高書社於民國七十四年五月出版的《文心雕龍校注拾遺》第八頁。

〔二〇〕引文見台灣嵩高書社於民國七十四年五月出版的《文心雕龍校注拾遺》第一二六頁。

〔二一〕引文見台灣嵩高書社於民國七十四年五月出版的《文心雕龍校注拾遺》第一七三頁。

〔二二〕引文見台灣嵩高書社於民國七十四年五月出版的《文心雕龍校注拾遺》第一六〇頁。

〔二三〕引文見台灣嵩高書社於民國七十四年五月出版的《文心雕龍校注拾遺》第二〇四頁。

〔三〕引文見台灣嵩高書社於民國七十四年五月出版的《文心雕龍校注拾遺》第二〇九頁。

〔三〕引文見台灣嵩高書社於民國七十四年五月出版的《文心雕龍校注拾遺》第二七一頁。

〔三〕引文見台灣嵩高書社於民國七十四年五月出版的《文心雕龍校注拾遺》第二八七頁。

〔元〕引文見台灣嵩高書社於民國七十四年五月出版的《文心雕龍校注拾遺》第九一頁。

〔元〕以上所引各條見上海古籍出版社印行的《學不已齋雜著》第五六七頁。

〔元〕引文見劉勰《文心雕龍·章句》篇。

〔四〕引文見上海古籍出版社印行的《學不已齋雜著》第四七頁。

〔四〕引文見上海古籍出版社印行的《學不已齋雜著》第五四〇頁。

〔四〕引文出處同注〔四二〕。

〔四〕引文見台灣嵩高書社於民國七十四年五月出版的《文心雕龍校注拾遺》第四七頁。

〔四〕此處前後兩條引文，分別見於台灣嵩高書社於民國七十四年五月印行的《文心雕龍校注拾遺》第二三二頁和第一一八頁。

〔四〕引文見台灣嵩高書社於民國七十四年五月出版的《文心雕龍校注拾遺》第六頁。

〔四〕引文見台灣嵩高書社於民國七十四年五月出版的《文心雕龍校注拾遺》第四八頁。

〔四〕引文見台灣嵩高書社於民國七十四年五月出版的《文心雕龍校注拾遺》第一六九頁。

〔四〕引文見台灣嵩高書社於民國七十四年五月出版的《文心雕龍校注拾遺》第二三〇頁。

〔四〕引文見台灣嵩高書社於民國七十四年五月出版的《文心雕龍校注拾遺》第六五頁。

〔吾〕引文見台灣嵩高書社於民國七十四年五月出版的《文心雕龍校注拾遺》第三三七頁。

〔五一〕 引文見台灣嵩高書社於民國七十四年五月出版的《文心雕龍校注拾遺》第六四頁。

〔五二〕 引文見台灣嵩高書社於民國七十四年五月出版的《文心雕龍校注拾遺》第九六頁。

〔五三〕 引文見台灣嵩高書社於民國七十四年五月出版的《文心雕龍校注拾遺》第一〇一頁。

〔五四〕 引文見台灣嵩高書社於民國七十四年五月出版的《文心雕龍校注拾遺》第一八三頁。

〔五五〕 引文見台灣嵩高書社於民國七十四年五月出版的《文心雕龍校注拾遺》第二七八頁。

〔五六〕 引文見台灣嵩高書社於民國七十四年五月出版的《文心雕龍校注拾遺》第二八七頁。

〔五七〕 見中華書局出版的《文心雕龍校注》第四七一頁。

〔五八〕 引文見上海古籍出版社印行的《學不已齋雜著》第五四〇頁。

〔五九〕 引文見上海古籍出版社印行的《學不已齋雜著》第五四一頁。

〔六〇〕 引文見上海古籍出版社印行的《學不已齋雜著》第五四三頁。

〔六一〕 引文見上海古籍出版社印行的《學不已齋雜著》第五四四頁。

〔六二〕 引文見上海古籍出版社印行的《學不已齋雜著》第五四五頁。

〔六三〕 引文見上海古籍出版社印行的《學不已齋雜著》第五四六頁。

〔六四〕 以上各點見上海古籍出版社印行的《學不已齋雜著》第五四六頁至五五一頁。

〔六五〕 引文見上海古籍出版社印行的《學不已齋雜著》第五三頁。

〔六六〕 引文出處同注〔六五〕。

〔六七〕 引文見台灣嵩高書社於民國七十四年五月出版的《文心雕龍校注拾遺》第三八五頁。

〔六八〕 引文見上海古籍出版社印行的《學不已齋雜著》第四四三頁。

〔元〕 引文見上海古籍出版社印行的《學不已齋雜著》第五一七頁。

〔0〕 引文見上海古籍出版社印行的《學不已齋雜著》第五二〇頁。

〔二〕 引文見上海古籍出版社印行的《學不已齋雜著》第四二二頁。

〔三〕 引文出處同注〔七〕。

〔三〕 引文見上海古籍出版社印行的《學不已齋雜著》第五〇一頁。

〔三〕 引文見上海古籍出版社印行的《學不已齋雜著》第五〇六頁。

〔三〕 引文見上海古籍出版社印行的《學不已齋雜著》第五〇七頁。

〔六〕 以上各點見上海古籍出版社印行的《學不已齋雜著》第五〇八頁至五一一頁。

〔七〕 此文見於一九九〇年六月為「慶賀楊明照教授八十壽辰」出版的《文心雕集》一九九頁至三〇七頁。

〔八〕 引文見台灣嵩高書社於民國七十四年五月印行的《文心雕龍校注拾遺》第六六二頁。

〔元〕 引說見楊先生在「高等院校古籍整理研究規劃會上發言」〈我是怎樣學習和研究《文心雕龍》的〉。

〔0〕 引說出處同注〔元〕。

〔三〕 引說出處同注〔元〕。

〔三〕 引說出處同注〔元〕。

〔三〕 引說出處同注〔元〕。

〔三〕 引文見台灣嵩高書社於民國七十四年五月出版的《文心雕龍校注拾遺》第二五五頁。

〔五〕 引文見台灣嵩高書社於民國七十四年五月出版的《文心雕龍校注拾遺》第二四九頁。

〔六〕 引文見台灣嵩高書社於民國七十四年五月出版的《文心雕龍校注拾遺》第五四頁。